AF461961

DE L'ADMINISTRATION
DE LA
JUSTICE CRIMINELLE.

DIJON, IMPR. DE FRANTIN.

DE L'ADMINISTRATION

DE

LA JUSTICE CRIMINELLE

EN FRANCE

DEPUIS LA RÉFORME DE LA LÉGISLATION ;

DES CHANGEMENTS A INTRODUIRE DANS CETTE LÉGISLATION, AVEC DES OBSERVATIONS SUR LE DROIT DE GRACE ET LES DIVERSES FONCTIONS PUBLIQUES PRÈS LES COURS D'ASSISES ;

PAR **M. DE LACUISINE**,

CONSEILLER A LA COUR ROYALE DE DIJON, CHEVALIER DE L'ORDRE ROYAL DE LA LÉGION D'HONNEUR ET PRÉSIDENT D'ASSISES.

Les lois rencontrent les passions et les préjugés du Législateur ; quelquefois elles passent au travers et s'y teignent ; quelquefois elles y restent et s'y incorporent. (MONTESQUIEU.)

PARIS,

JOUBERT, LIBRAIRE-ÉDITEUR, RUE DES GRÉS, 14.

DIJON,

VICTOR LAGIER, LIBR.-ÉDIT., PLACE ST.-ÉTIENNE.

1841.

AVANT-PROPOS.

Si j'étais moins partisan de la justice criminelle avec l'intervention du Jury, et que les Tribunaux ordinaires me parussent exclusivement propres à remplir l'œuvre de la répression, je me garderais de rompre le silence, et laisserais au temps le soin de ruiner bientôt l'institution par sa base en laissant croître les abus; ou si j'élevais la voix comme tant d'autres qui se font à tout prix les apologistes du présent, jaloux qu'ils sont d'une trompeuse popularité, j'applaudirais sans mesure aux lumières de mon siècle, à l'indépendance des hommes, à la sagesse de tous les verdicts que j'appellerais, à mon tour, la voix du peuple, *vox populi!* mais assez d'écrivains sans pudeur, de publicistes sans dignité, de flatteurs sans conscience ont égaré l'opinion et caressé les illusions publiques. Au risque de déplaire, je viens rompre le charme, confondre ces béatitudes de l'optimisme moderne et mettre en évidence, dans les abus révélés du Jury actuel, un des plus grands maux de la société moderne! Voué par conscience et par état au culte du vrai, jaloux des franchises de la justice, ami du droit commun, et surtout antipathique aux juridictions exceptionnelles, j'essaierai dans cet écrit de fortifier la puissance du Jury, de concentrer ses lumières, de ranimer son énergie, d'améliorer ses œuvres, d'assurer son indépendance et d'en faire une institution complète. Pour accomplir ces vœux ou pour tenter peut-être ces illusions, j'invoquerai les abus du présent, l'expérience du passé, et surtout l'autorité puissante des législations contemporaines. Ainsi rassuré dans ma marche par ce triple cortège du temps, des lois et des hommes, et enhardi par la pratique des choses de la justice criminelle, *incedam per ignes;* je demanderai à l'esprit public s'il est suffisamment préparé, aux lois si elles ne sont point défectueuses, aux pouvoirs publics s'ils se tiennent personnellement en garde, à la Magistrature elle-même si sa vigilance et sa fermeté n'ont jamais fait défaut, au Barreau s'il ne dépasse point son mandat ou ne fausse pas son caractère, à tous ensemble si nous marchons d'un pas uniforme au triomphe de la vérité. Mais, dans cette appréciation sévère de notre administration criminelle, je respecterai, avant tout, l'autorité souveraine et les institutions du pays. Heureux si dans cette œuvre de ma conscience et peut-être de mon insuffisance personnelle, on veut bien rendre hommage au seul sentiment qui m'ait dirigé, l'amour du bien public ! plus heureux encore si les pouvoirs de la société, frappés comme moi des dangers qui la menacent, accueillent avec intérêt l'hommage d'un zèle peut-être indiscret et le tribut modeste de mon expérience !

DE L'ADMINISTRATION
DE LA JUSTICE CRIMINELLE
EN FRANCE
DEPUIS LA RÉFORME DE LA LÉGISLATION.

Au milieu des préoccupations politiques, une tendance alarmante se propage dans la société et mérite de fixer d'autant plus l'attention des esprits, qu'elle prend sa source dans l'abus de sentiments généreux et les illusions de l'optimisme.

Au lieu de cette horreur du crime si profondément enracinée dans nos mœurs, une pitié désordonnée pour les coupables et une indifférence froide pour les victimes ont en quelque sorte altéré le caractère national et mis l'ordre en péril. Si le crime inspire encore de l'indignation, bientôt le temps emporte les souvenirs, les impressions s'effacent, et les plus honorables citoyens trouvent à peine assez d'énergie pour accomplir mollement leurs devoirs lorsque le jour de la justice est arrivé. L'indulgence et la faiblesse sont les penchants favoris du jour, la fermeté au contraire est une vertu surannée incompatible avec l'état présent de l'opinion, et si l'impunité n'est pas préconisée, la seule répression admise est une répression *quelconque*, sans d'autres règles que la clémence, d'autre limite que le maximum des atténuations et d'autre proportion que l'insuffisance des peines.

Tel sera désormais le seul frein légal des passions et des intérêts. Ce tableau n'a rien d'exagéré, il est l'expression fidèle de la situation; cette situation est alarmante, elle nous presse, elle nous menace, elle déborde de toute part; la Magistrature en gémit, la morale publique en est ébranlée, et peu à peu l'opinion se fausse et s'altère dans cette pernicieuse aberration des esprits.

S'il est du devoir des Gouvernements de poursuivre la réformation des lois imparfaites et de rectifier les voies dans lesquelles s'égare une multitude abusée, il appartient, avant tout, aux Magistrats de préparer cette œuvre salutaire par de sages et loyales remontrances : à ce titre j'ose le premier élever la voix et publier sur la réforme de la justice criminelle quelques réflexions utiles avec le sentiment d'une conviction profonde et la confiance que je puise dans les vérités pratiques que l'expérience m'a révélées; je rechercherai donc l'origine du mal et en signalerai les conséquences.

Le premier symptôme de la crise se produit dans nos débats judiciaires ; trompé par les lueurs d'une mensongère philanthropie, on s'est généralement habitué à manifester dans les causes criminelles une pitié désordonnée pour le coupable, les écarts de sa jeunesse, les vicissitudes de sa vie et les angoisses de sa captivité ; à applaudir à outrance à la facilité de sa parole, aux dons heureux de son esprit, aux facultés de son intelligence ; à excuser les plus grands crimes par l'influence tyrannique des mauvais penchants ou l'empire absolu d'une monomanie surnaturelle, et à pousser ainsi, outre mesure, à l'indulgence et à l'impunité.

Ces sentiments sont déréglés dans leur principe, ils sont funestes et désorganisateurs dans la réalité. Des victimes, pas un mot ; de leur famille, rien ; de la société, pas davantage : *Non mea res agitur paries cùm proximus ardet.*

Cette disposition des esprits prend sa source dans l'anéantissement des croyances, dans un sentiment dépravé et dans un égoïsme profond ; elle n'est pas, quoi qu'on dise, l'œuvre du progrès : le véritable progrès ne demande ni sang, ni supplices ; mais il appelle l'indulgence sans faiblesse et la répression sans rigueur ; il s'émeut et sympathise pour les vraies infortunes, s'indigne contre le crime et se croit plus généreux dans sa juste sévérité que toute la philanthropie dans sa désolante sollicitude. « Dans les juge- » ments, dit Bossuet, c'est de l'oppressé et du » peuple qui souffre par les hommes injustes et » violents, qu'il faut avoir compassion (Traité » de la politique). » *Non est inhumanitas, sed potiùs summa quædam humanitas cùm multi paucorum animadversione salvantur* (Droit romain).

Ce qu'il veut, c'est la bienveillance pour les personnes, le respect pour les caractères, la sympathie pour le malheur, et surtout la vérité dans les écrits; ce qu'il rejetera toujours, c'est cette propagande quotidienne, infidèle écho de nos débats criminels, qui les travestit et les dénature suivant les proportions du drame et les nécessités de l'apothéose, où le criminel trouve des apologistes, la victime des détracteurs, et les passions des encouragements; tribune de déception et de mensonge préparée pour égarer l'opinion et contrister les organes de la justice (1).

Naguères encore des accusés tristement célèbres

---

(1) En imprimant ces lignes, je n'ai point entendu méconnaître les services rendus par la presse périodique à l'administration de la justice, mais signaler seulement les écarts de quelques publications dans lesquelles on a abusé étrangement de la liberté d'écrire.

n'ont-ils pas été l'objet de ce fanatique intérêt, la lithographie n'a-t-elle pas crayonné leurs portraits, ne s'est-on pas disputé leurs poésies, leurs autographes et jusqu'aux derniers lambeaux de leur mobilier? puis après, l'histoire défigurée de leurs actes, de leurs passions et de leurs caractères n'a-t-elle pas été livrée à cette foule ardente et corrompue qui, pendant leur vie, les avait entourés de sollicitude et d'hommages et espérait pour eux un éclatant triomphe sur la justice? Enfin, en l'absence des faits, l'imagination flétrie ne cherche-t-elle pas encore dans les débauches du roman et du drame un aliment nécessaire au dévergondage de ses émotions, et la licence du théâtre et des écrits n'a-t-elle pas admis les forfaits les plus odieux comme un nouveau genre de la nouvelle école?

Dans cette dégradation des personnes et des choses, que deviendra le caractère français? les actions les plus héroïques et les plus généreux sacrifices auront-ils une part égale à la faveur qu'une opinion perverse prostitue aux plus grands criminels, et faudra-t-il ainsi désespérer de cet enthousiasme national qui fut dans tous les temps le germe des vertus publiques? (1)

---

(1) Un homme généreux qu'on n'accusera pas de

La source d'un mal aussi profond n'est pas seulement dans les hommes, elle est encore plus avant dans les choses ; c'est ce que je me propose

---

décrier son temps, M. Appert, a écrit au sujet de Lacenaire : « Connaissant son siècle, il savait à l'a-» vance fixer l'attention publique et devenir pour » plusieurs jours le point de mire de tout Paris, et » nous ne savons ce qu'il y eut de plus triste de l'im-» pudence de l'assassin citant Horace, ou de l'en-» gouement qu'il inspira. Ses portraits furent étalés » sur les quais et les boulevards où vainement on » cherchait ceux du malheureux Gillard et du ver-» tueux Eustache. De tous côtés lui arrivaient à son » cachot des mets exquis et des vins délicats, tan-» dis qu'à deux pas de lui des malheureux que la » faim avait fait criminels, mangeaient le pain noir » et dur de la géole. Chaque jour un homme de » lettres le visitait, réunissait précieusement ses » sarcasmes, ses phrases calculées pour produire un » effet donné et composées dans l'ivresse. Des » femmes jeunes, belles, élégamment parées solli-» citaient l'honneur de lui être présentées, et se » désolaient de ses refus ; une noble comtesse, mère » de famille, lui adressait des vers et s'attirait une » réponse qui sans doute fit rougir son front. »

Le même empressement s'attacha à Fieschi, Eliçabide, Peytel, Tragine, et à cette femme triste-

de démontrer. Magistrat, si je signale à l'attention les vices d'une législation que l'expérience m'a démontré funeste, je le ferai sans aigreur et sans esprit de réaction, mais sous l'empire d'une conviction sincère, avec la mesure que m'imposent mes fonctions et le respect que je dois aux pouvoirs de la société.

La réforme du Code pénal et des lois d'organisation des Cours d'assises et du vote du Jury fut l'œuvre des circonstances, plutôt que de la nécessité. La révolution politique de 1830 avait disposé les esprits à une révision radicale de la

---

ment célèbre dont le procès a occupé naguères toute la France.

Les journaux du temps annonçaient comme une heureuse nouvelle qu'Eliçabide *avait enfin consenti à laisser faire son portrait par l'un de nos plus habiles artistes.*

On imprimait au sujet de Peytel, « que les habi-
» tants de Belley se portaient en foule à la vente de
» son mobilier, et que chacun voulait avoir quelque
» chose de ce criminel trop célèbre. » On sait qu'un de nos principaux auteurs romantiques se transporta de Paris à Bourg pour recueillir des notes de la bouche même de ce condamné et publier ses mémoires. L'autorité judiciaire mit sagement obstacle à ces communications.

législation et à des réformes irréfléchies ; de là cette foule de projets de loi formulés dans les Chambres en vertu de la prérogative parlementaire et par le Gouvernement. Le Code civil, cette œuvre immortelle, triompha de ce danger des innovations ; grâces en soient rendues à la raison publique : mais les pouvoirs législatifs se laissèrent égarer par l'opinion du jour qui, sous le but apparent de mettre nos lois criminelles en rapport avec les mœurs, l'état des esprits et les progrès de la société, ne tendait à rien moins qu'à désarmer la Justice. Quelques hommes graves et dont la parole avait de l'autorité furent aussi entraînés dans cette pente périlleuse, et le Gouvernement lui-même subit l'influence des hommes et des choses de cette époque en proposant, d'initiative, la réforme des Codes criminels de l'Empire.

Ces Codes n'étaient point des œuvres parfaites, mais ils avaient été conçus dans un esprit éminent de conservation et coordonnés par une main ferme et puissante ; destinés à protéger un Gouvernement fort et qui abusa depuis de sa force, ils devenaient suspects à un peuple jaloux des libertés qu'il avait conquises, et leur ruine fut ainsi conjurée.

Mais au lieu de modifications prudentes et successives, fruits de la sagesse et du temps, les pouvoirs publics ont *de plano* établi la réforme dans la base même de ces institutions et dans leurs parties organiques et substantielles ; de sorte qu'à vrai dire, il ne reste plus de ces monuments de la justice dont la durée datait de plus de trente ans qu'un mécanisme trompeur et un vain appareil de législation.

C'est ainsi qu'on en a détruit la base en substituant à la catégorie raisonnée des peines un pouvoir élastique confié aux mains fragiles de l'homme et aux influences si souvent funestes de la pitié. L'article 463 du Code pénal sur l'admission des circonstances atténuantes, appliqué aux matières du grand criminel, a été la ruine de la répression et la source de cette multitude de forfaits qui viennent chaque jour dans une progression effrayante consterner les bons citoyens.

Pour fortifier la puissance du Jury, on l'a dégagé des entraves de la magistrature et de l'esclavage de la loi : plus fort qu'aucun des pouvoirs de la société, il est devenu tout à la fois juge et législateur ; il acquitte l'homme quand il est trop faible, il brise la loi quand elle lui semble trop dure ; entre ses mains la règle des peines devient une exception presque insolite, l'exception prend la place de la règle, la gradation des crimes est anéantie, et la législation défigurée par la plus

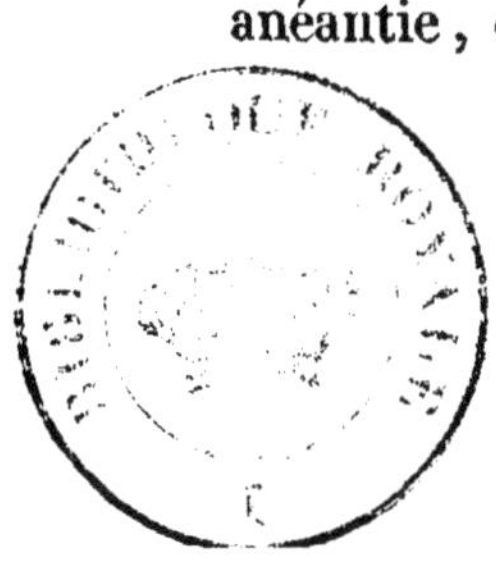

déplorable indulgence n'est plus qu'une série mensongère de pénalités.

C'est ainsi qu'en France, au dix-neuvième siècle, on a attribué au Jury par excès de liberté le pouvoir de juger presque sans lois *et d'être en quelque sorte à lui-même sa propre règle, caractère particulier du Juge dans les Etats despotiques,* comme le dit Montesquieu. Ce droit exorbitant est peut-être le changement le plus grave qui se soit accompli en législation depuis plusieurs siècles, et on ne saurait trop s'étonner qu'il se soit introduit dans nos lois sans contradiction !

Du jour que, par l'admission des circonstances atténuantes, le Jury a pu faire que les plus grands attentats frappés de mort par les lois divines et humaines de tous les temps et de tous les lieux, fussent réduits à la proportion moyenne d'un vol ordinaire punissable des travaux forcés à temps ; il a été écrit dans nos mœurs qu'il y avait des parricides, des empoisonnements et des assassinats de toute nuance et de toute sorte dont le plus grand nombre ne dépassait pas l'importance minime des crimes les plus vulgaires, et toutes les notions du bien et du mal ont été confondues. « Il est essen-
» tiel, dit Montesquieu, que les peines aient de
» l'harmonie entr'elles, parce qu'il est essentiel
» que l'on évite plutôt un grand crime qu'un
» moindre, ce qui attaque plus la société que ce

» qui la choque moins. » (*Esprit des lois.*) « Lors-
» que le peuple ne voit point de gradation dans
» les peines, il est porté à croire qu'il n'y en a
» point dans les crimes. » (Blackstone.)

Or quel usage le Jury a-t-il fait de cette dictature suprême? quels intérêts a-t-il protégés? quelle justice a-t-il satisfaite, ou plutôt quel frein n'a-t-il pas affaibli? interrogez-le, il est irresponsable.

Aussi est-il arrivé que les plus étranges décisions ont affligé la conscience publique; la foi des peuples dans les arrêts de la Justice a été ébranlée; le respect des lois a fait place aux rapprochements les plus dérisoires, et les malfaiteurs encouragés par une répression insuffisante et sans mesure (1), se sont joués eux-mêmes d'un pouvoir inhomogène, faible dans son principe, variable dans ses impressions et toujours irrésolu dans ses volontés.

Mais ce n'est point par les capricieux effets du

(1) L'accroissement des associations pour commettre des crimes est un indice certain de l'opinion commune des malfaiteurs sur l'insuffisance des peines; c'est dans la communication de cette pensée que se forment les complots. En 1837 et 1838 réunis, le chiffre des accusés a dépassé de 4,392 le nombre des accusations.

hasard que les Gouvernements peuvent pourvoir aux besoins de la justice criminelle ; le temps est venu qu'il faut proclamer hautement le *caveant consules ;* la population toujours croissante des bagnes et des maisons de détention, les chiffres malheureusement trop fidèles de la statistique et, il faut le dire avec franchise, le désordre de la pénalité, font un devoir à la magistrature d'élever la voix et d'avertir respectueusement les pouvoirs de l'Etat. En présence des grands intérêts qui sont en jeu et que compromet si gravement l'état présent de la législation, toute question d'amour propre doit s'effacer et il ne faut pas craindre de revenir sur ses pas : là nous trouverons l'institution du Jury dans sa force, la Magistrature dans son éclat et la loi dans toute sa puissance; alors si quelques décisions fâcheuses ont parfois contristé la Justice, le mal n'a pas dépassé le seuil de nos temples; l'acquittement le plus étrange a pu se justifier par l'insuffisance des preuves, et l'erreur du Jury est restée un fait isolé et bientôt tombé dans l'oubli.

Mais de nos jours, il n'en est plus de même, une foule de verdicts malheureusement trop célèbres sont demeurés comme monuments de démoralisation et ont fait voiler les statues de la Justice : le peuple a appris que les plus grands attentats pouvaient être excusés par l'admission coutumière des circonstances atténuantes, et le mal est venu au point que dans une période de cinq années, l'on comptait déjà jusqu'à 32 parricides dans nos bagnes : « Il n'est pas licite, dit » Jules Capitolin, qu'un fils vive en ce monde, » qui a été cause de la mort de son père ou de » sa mère. »

Ah mille fois mieux eût-il fallu les acquitter ; les faits restés méconnus, au moins la loi eût été respectée, et la morale publique fût demeurée pure d'un pareil outrage. Mais en présence d'une jurisprudence aussi déplorable, un fils aura pu dire : la loi me défend de tuer celui qui m'a donné la vie, mais cette défense n'est ni trop absolue ni trop inflexible; elle se modifie suivant les circonstances et accepte les tempéraments de la situation, c'est-à-dire des passions, de l'emportement et des injustices; dans tous ces cas le parricide sera excusable, et les Juges qui admettront l'excuse seront même dispensés d'en faire connaître les motifs, *sit pro ratione voluntas.*

Les hommes qui ont encouragé par leur faiblesse de si désolantes doctrines ont assumé sans doute une grande responsabilité; mais le mal vient de plus haut, il est dans la législation, il est dans les égarements philanthropiques de cette nouvelle école qui dans son imprudente ardeur a pris des théories pour des principes et des illusions pour des faits accomplis, avec cette différence néanmoins que le mal qui procède des lois est immuable, tandis que l'influence pernicieuse des systèmes se dissipe et s'évapore aux premières clartés de l'expérience et devant les mécomptes de la triste humanité.

Qui pourrait nier l'influence des lois sur les mœurs et leur empreinte sur l'esprit public? elles rectifient les écarts de l'opinion, soumettent les préjugés et fortifient les notions du bien et du mal; mais si au lieu d'élever des barrières, elles les abaissent, de combattre les faiblesses, elles les caressent et les sollicitent, alors n'accusons pas seulement les hommes, et condamnons auparavant les choses.

J'ose le dire en effet dans toute l'énergie de ma conviction : si la loi nouvelle n'eût pas favorisé, par l'accroissement démesuré des pouvoirs du Jury, la mise en œuvre des théories modernes sur les peines en général et spécialement sur la peine capitale, ces brillantes utopies de l'âge d'or, qui supposent toujours les hommes meilleurs qu'ils ne le seront jamais, eussent été depuis longtemps reléguées par la raison publique dans le domaine des abstractions.

Mais comment frapper le coupable de mort lorsque le législateur, par complaisance pour des faiblesses ou un dangereux respect pour des opinions pernicieuses, rend le Jury arbitre suprême d'une vie qui va dépendre d'un mot qui la conservera par pitié ou d'un combat qu'il faudra soutenir pour la disputer par devoir? Dans ces luttes inégales de la justice et de l'humanité, ce n'est plus la loi qui tue, c'est l'homme, et lorsque certains esprits graves, élevés et généreux crieront à cet homme dans des écrits séduisants ou des protestations hardies : *tu n'as pas le droit de tuer, non occides* (1), faudra-t-il s'étonner qu'au

---

(1) L'abolition de la peine de mort est une de ces théories dont le temps et la raison publique font promptement justice, lorsque la législation ne les favorise pas. Cette question aura eu son époque comme tant d'autres, mais elle perdra son prestige à l'école des faits et de l'observation. Pour ma part, son influence dans la consommation des crimes capitaux m'a vivement frappé, et dans la pratique des affaires, j'ai acquis la conviction profonde que les plus grands crimes n'avaient été commis que dans l'opinion où en étaient les auteurs que la peine de mort était de fait abrogée. Parmi plusieurs exemples de ce genre qui m'ont frappé, je citerai le suivant : Le nommé V...., homme mal famé et redoutable, avait commis dans son pays un horrible assassinat; poursuivi par la Justice, il allait partout consultant les hommes de loi pour savoir si la peine capitale

milieu du chaos des idées et de la confusion des principes, des esprits flottants et des consciences inquiètes ne s'alarment, et que le glaive trem-

---

pouvait encore être prononcée ; cette pensée était la seule qui le tourmentât. Arrêté, jugé et condamné aux travaux forcés à perpétuité, *attendu les circonstances atténuantes,* il remercia publiquement la Cour et le Jury, et rentré dans la prison, il s'écria dans sa joie, que pour lui la condamnation qu'on lui avait infligée n'était pas une peine nouvelle, puisque déjà la nature et sa misère la lui avaient imposée. Ce fait s'est passé sous ma présidence ; je pourrai multiplier les citations.

Un des esprits les plus profonds de ce siècle, M. de Bonald s'exprime ainsi à ce sujet : « Si la peine de » mort est abolie, les honnêtes gens rentrent dans » le droit de défense naturelle à laquelle ils avaient » renoncé en faveur de la société ; ils reprennent » les armes qu'ils lui avaient confiées pour la pro- » tection commune : les lois sans doute ne seront » pas plus sévères pour l'honnête homme qui se » défend, que pour le scélérat qui l'attaque ; nous » retomberons bientôt dans les guerres privées du » premier âge des nations, et la société tout entière » ne sera qu'un vaste champ de bataille. Veut-on » substituer la détention, les travaux forcés, la » chaîne à la peine de mort : mais alors et dans des » temps où le progrès des arts, du luxe et de l'in-

blant de la Justice ne s'échappe des mains impuissantes auxquelles la loi l'a confié?

Telle est la véritable cause de l'admission des

» dustrie, en multipliant sous toutes les formes, les
» jouissances et les plaisirs, souffle dans tous les
» cœurs la fureur de les partager et le désespoir de
» n'y pouvoir atteindre par des voies légitimes,
» attendez-vous qu'il vous en coûtera beaucoup plus
» pour loger, nourrir, vêtir, garder vos malfaiteurs
» que pour entretenir vos enfants, qu'il ne sera
» plus possible de vivre d'aucune propriété ni d'au-
» cune autre industrie que celle du vol. La vie et
» les propriétés de l'honnête homme n'ont pas d'au-
» tre garantie que la vie du scélérat; et lorsqu'il
» n'y aura plus pour l'assassin et le brigand que des
» maisons de force, tout propriétaire devra faire de
» sa maison un château fort (*Considérations po-*
» *litiques*).

Montesquieu, dans son *Esprit des lois*, s'exprimait déjà dans le même sens. « C'est une espèce de talion,
» disait-il en parlant de la peine de mort, qui fait
» que la société refuse la sûreté à un citoyen qui en
» a privé ou qui en a voulu priver un autre; cette
» peine est tirée *de la nature de la chose, puisée*
» *dans la raison et dans la source du bien et du mal*;
» un citoyen mérite la mort, lorsqu'il a violé la
» sûreté au point qu'il a ôté la vie, ou qu'il a en-

circonstances atténuantes dans le plus grand nombre des accusations capitales; la plaie est grande, elle est profonde, il faut la sonder avec

---

» trepris de l'ôter; cette peine de mort est comme
» le remède de la société malade. »

M. Merlin discute aussi cette question avec sa profondeur ordinaire; puis il ajoute : « Maintenant
» que devient l'objection que la vie d'un homme ne
» lui appartient pas, qu'elle n'appartient pas non
» plus aux autres hommes, et qu'ainsi il ne peut
» pas plus donner aux autres hommes le droit de le
» tuer, qu'ils ne peuvent se l'arroger eux-mêmes?
» Il est évident que c'est un pur sophisme; en effet,
» par cela seul que j'existe, j'ai le droit de me con-
» server, cela est incontestable. Mais si pour me
» conserver, je détruis un être qui veut lui-même
» me détruire, s'ensuit-il, ou que je me regarde
» comme propriétaire de sa vie, ou qu'il me la sa-
» crifie lui-même? Non, certes; il s'ensuit seule-
» ment que je préfère ma vie à la sienne; et en cela
» je n'use pas seulement d'un droit, je remplis un
» devoir; car n'étant pas le maître de disposer de
» ma vie, il n'est pas en mon pouvoir de consentir à
» la perdre pour conserver celle de mon assassin....
» Dans la formation du contrat social, chaque asso-
» cié ne donne à la société que le droit qu'il a d'em-
» pêcher qu'on ne le prive de la vie, et ce droit,
» comme on l'a déjà dit, emporte celui de tuer son

prudence, et j'indiquerai plus tard, suivant mes lumières, le remède à y apporter sans blesser les esprits ni les institutions.

» ennemi, s'il ne peut la conserver que par ce » moyen..... Prétendre d'ailleurs que la peine de » mort n'est ni utile ni nécessaire, c'est affecter de » méconnaître cette puissante loi à laquelle la nature » a soumis l'homme, en l'obligeant de s'occuper » sans cesse des moyens de conserver sa vie. En » effet, *la vie est le plus grand de tous les biens; la* » *crainte de la perdre doit donc être la plus grande* » *de toutes les craintes, et par conséquent le plus* » *grand obstacle qui puisse empêcher un scélérat de* » *commettre un crime qui entraîne la peine de mort.* » *Cette peine est donc utile, elle est donc nécessaire* » *pour le maintien de l'ordre.* (Répertoire, v° » *Peine.* »

Blackstone n'hésite pas à proclamer ces principes. « Dans l'état de pure nature, dit-il, avant l'établis- » sement des corps politiques, chaque individu » était revêtu du droit de punir les crimes contre » la loi de nature, le meurtre, par exemple, car il » fallait bien que ce droit résidât quelque part : » autrement les lois de la nature auraient été vaines, » personne n'étant autorisé à les faire observer. » Aussi le premier meurtrier, *Caïn,* disait-il dans » sa frayeur : *quiconque me rencontrera me tuera.* » Dans l'état de société ce droit a été transféré des

Mais il faut faire la part à tout le monde; la Magistrature elle-même n'a peut-être pas opposé une résistance assez énergique à ce relâchement

---

» individus à la souveraineté; alors les hommes » n'ont plus été juges dans leur propre cause, eu » égard aux grands maux qui en auraient résulté » dans l'état social. »

» Pour les délits qui ne violent pas les lois de la » nature, mais seulement celles de la société, on » demande si on peut y attacher la peine de mort : » Oui, s'ilsmettent la société en grand danger, etc. » (*Code criminel anglais.*)

Enfin la première de toutes les lois et le plus respectable de tous les monuments, l'Ecriture Sainte ne laisse aucun doute sur le fondement et l'autorité d'un tel droit. Dieu dit à Noë : *Quicumque effuderit humanum sanguinem, fundetur sanguis illius : ad imaginem quippe Dei factus est homo.* (Genèse, ch. 9, v. 6.)

On lit dans la loi Mosaïque et au 35e chapitre des Nombres : *Si quis ferro percusserit et mortuus fuerit qui percussus est, reus erit homicidii et ipse morietur. Si lapidem jecerit et ictus occubuerit, similiter punietur.*

Puis au dernier verset de ce chapitre : *Ne polluatis terram habitationis vestræ, qui insontium cruore maculatur, nec aliter expiari potest nisi per ejus sanguinem qui alterius sanguinem fuderit.*

Et enfin au Deutéronome, chapitre 21, versets 23

légal de la répression ! Mise en banc de suspicion par la loi qui réduisait à trois le nombre de ses membres dans les Cours d'assises et celle qui lui interdisait désormais de s'immiscer dans le domaine du fait, elle a laissé faire et laissé passer, plutôt par le sentiment de sa propre impuissance que par une sympathique faiblesse. Contrainte d'accepter dans leurs termes des résolutions énervées, elle n'a pas osé se roidir contre cette omnipotence du Jury qu'une pensée dissolvante avait introduite dans nos débats criminels et que la législation nouvelle venait à son insu de consacrer par la théorie des atténuations. Forcée de

---

et 24 : *Quando peccaverit homo quod morte plectendum est et adjudicatus morti appensus fuerit in patibulo : non permanebit cadaver ejus in ligno, sed in eâdem die sepelietur : quia maledictus à Deo est qui pendet in ligno*, etc.

Toutes ces citations pourront paraître superflues ; mais lorsque l'on considère la persévérance avec laquelle les écrivains modernes, étrangers à la science de la législation et à la pratique des choses de la justice, ont poursuivi et poursuivent encore de tous leurs vœux l'abolition de la peine de mort, j'ai cru convenable d'opposer à ces dangereuses théories l'autorité des principes et celle des hommes les plus illustres et les plus compétents sur la matière.

capituler avec le mal pour en éviter un plus grand, elle a craint d'irriter les susceptibilités de l'amour propre et de décourager les gens de bien, à l'encontre de ces décisions disproportionnées avec le scandale du fait ou la grandeur du forfait, et c'est ainsi que de faiblesse en faiblesse, de relâchement en relâchement, cette loi funeste qui tend un véritable piège à l'humaine nature en la soumettant chaque fois à une épreuve périlleuse dans laquelle elle succombera presque toujours, a rompu toutes les barrières, bouleversé toute l'économie de nos lois et converti en principe l'arbitraire dans la faiblesse comme on l'a vu trop souvent dans la force.

Mais si la répression a été moins sévère, a-t-elle été plus générale, la masse des acquittements s'est-elle amoindrie, et les Jurés presque dispensateurs des peines se sont-ils montrés plus faciles à les appliquer? Telles étaient les illusions des auteurs de la réforme, et pourtant on pouvait entrevoir, dans cette prévoyance légale, un piège tendu aux garanties individuelles, car sous prétexte de ne pas effrayer le Jury par l'énormité des peines, on lui insinuait virtuellement de pactiser avec le doute et de rendre ainsi des arrêts de composition.

Or, qu'avons-nous vu depuis dix ans que ces théories ont été mises en œuvre? Chose étrange et dont on pourrait douter, si elle n'était attestée par la puissance de la statistique, les acquittements sont demeurés dans la même proportion, le chiffre total des condamnations n'a presque pas varié; mais, fait éminemment digne de remarque, les condamnations correctionnelles se sont d'autant plus accrues que les condamnations infamantes ont diminué davantage; c'est-à-dire que de ruine en ruine la répression s'est partout affaissée.

Ainsi tous les bénéfices de la réforme ont été au profit des malfaiteurs et au grand dommage de la chose publique : c'est donc principalement en faveur d'hommes suspects ou ennemis avoués de l'ordre social, qui pour la plupart traînent leur dangereuse existence de prison en prison et de bagne en bagne (1), que le législateur a désar-

---

(1) La population des maisons de détention établies pour recevoir les condamnés à une peine excédant un an de prison était dans la dernière année de 16,799, et pour les bagnes de 6,124; ajoutez 36,514 condamnés à l'emprisonnement au-dessous d'un an; total, près de 60,000 détenus dans une année, ce qui a fait dire, eu égard aux récidivistes, qu'il existait en France cent mille individus faisant profession d'attenter à la sûreté et à la propriété publiques.

mé et a mis en quelque sorte à découvert les personnes et les propriétés; faudra-t-il donc s'étonner que, malgré la Législation qui a fait rentrer dans la catégorie des délits plusieurs infractions que le Code pénal avait qualifiées crimes, le nombre des accusés se soit accru, en peu d'années, d'un huitième et menace de s'accroître encore, si les pouvoirs de la société ne pourvoient d'urgence à la crise menaçante qui s'accomplit sous nos yeux? *Caveant consules ne quid detrimenti res publica capiat.*

Vainement dirait-on que le principe des circonstances atténuantes est admis dans les Tribunaux correctionnels, et que l'on doit également l'appliquer au Jury suivant la règle des analogies; cette objection serait sans valeur, car sa solution naturelle se puise dans les personnes et dans les choses de cette première juridiction. Dans cette matière, en effet, domine le plus souvent la règle des infiniment petits; les infractions sont généralement d'une nature minime, variable et nuancée, et les espèces se diversifient tellement qu'il y aurait impossibilité morale à les asservir uniformément à des règles inflexibles et par trop sévères : ici une simple amende suffira à la vindicte publique; là, et plus rarement, l'emprisonnement sera nécessaire, suivant la moralité des personnes, les circonstances du fait et le caractère de l'offense; en un mot les besoins de la société étant moins impérieux et la plupart des délits n'imprimant point une véritable flétrissure, la répression graduée et proportionnelle est la seule voie possible de concilier, par un juste tempérament, le ménagement des personnes avec les garanties qui sont dues à l'ordre public.

Considérons encore que la définition de beaucoup de ces délits touche de bien près au domaine de l'imprévu où commence l'empire de la maxime, *non omne quod licet honestum est*, et que si l'on anéantissait l'arbitraire du juge, l'on tomberait inévitablement sous l'impuissance de la loi qui serait le plus souvent éludée; aussi trente années d'épreuves ont-elles prouvé qu'on pouvait sans danger maintenir dans toute son étendue ce pouvoir de modérer arbitrairement les peines légères attribué aux Tribunaux correctionnels.

Quels sont d'ailleurs dans cette juridiction secondaire les dépositaires d'une telle autorité? Des hommes voués par état et par principes au culte de la loi, au maintien de l'ordre et à la garantie de la liberté individuelle; inaccessibles aux séductions de la fortune ou à la crainte du pouvoir, forcés par leur position à faire respecter l'œuvre de la justice pour obtenir en retour le respect de leur autorité, exerçant sans cesse leur esprit à l'appréciation des personnes et des choses, faisant dans la distribution des peines la part de l'ordre et celle de l'humanité, en un mot indépendants dans leurs votes et souverains dans les limites de leurs consciences, mais toujours responsables devant Dieu, devant les hommes, devant l'opinion.

Au lieu de ces corps constitués, gardiens vigilants de la règle et des traditions, accordez le droit de modérer les peines à de simples citoyens que le hasard a réunis, qui ne se sont jamais vus, qui ne se reverront peut-être jamais, de préjugés divers, de vues inégales, de moralité inconnue, de caractères ignorés, sans liens, sans unité, que dis-je, sans responsabilité, et demandez-leur, avant qu'ils se dispersent à tout jamais, s'il existe des circonstances atténuantes en faveur du coupable qu'ils viennent de déclarer tel ?

J'interroge ici tous les hommes de bonne foi : dans ces luttes du devoir et du caractère, où par une dangereuse réaction la justice entre aux prises avec l'humanité, combien comptera-t-on d'esprits assez fermes et d'intelligences assez élevées pour résister à cette périlleuse tentation de l'indulgence légale ? Un bien petit nombre sans doute, et comment procédera-t-on ? à l'inverse des devoirs les plus graves et des nécessités les plus impérieuses ; car plus l'accusation sera majeure, plus la société aura été offensée et plus la peine prononcée par le législateur sera forte ; et cependant, s'il s'agit d'un assassinat, d'un empoisonnement ou d'un parricide, comme le glaive de la loi menace le coupable, le moyen de faire tomber une tête même la plus criminelle, lorsque, par une interrogation séparée, véritable piège tendu à la faiblesse de l'homme, la loi vient en quelque sorte elle-même demander grâce et miséricorde en livrant ainsi chaque fois à la merci du hasard et à la discrétion de simples citoyens la solution d'une des premières questions de l'ordre social ! Aussi le résultat d'un pareil vote ne sera-t-il presque jamais douteux. S'il s'agit des travaux forcés à perpétuité, mêmes symptômes de faiblesse, de condescendance et de timidité, et ainsi de proche en proche en descendant l'échelle des pénalités, avec cette différence néanmoins, que ce sera principalement dans les accusations les moins graves, où la répression est moins impérieuse, la peine moins forte et sa perspective moins influente, que le Jury refusera, parfois, de tempérer par la clémence son verdict de culpabilité (1).

(1) Consultons sur ce point les leçons de la statistique et prenons au hasard le dernier compte de la justice criminelle publié en 1840 : sans la déclaration

Ainsi l'admission coutumière de ces circonstances dans les condamnations, sur la mesure de 69 pour 100, a presqu'effacé de nos codes la peine capitale en la réduisant au dixième des cas encourus, (1) et diminué environ d'un tiers

---

des circonstances atténuantes, on aurait eu dans une seule année pour chaque espèce de crime les chiffres suivants : 248 condamnations à mort, au lieu de 44 ; — 246 condamnations aux travaux forcés à perpétuité, au lieu de 198 ; — 1800 aux travaux forcés à temps, au lieu de 883 ; — 1780 à la reclusion, au lieu de 923. Mais le tableau suivant fera mieux encore saisir ces proportions :

L'admission des circonstances atténuantes a été en	Les accusations étaient en	Les accusés de
1833 de 43 pour 100	1833 de 5,004	7,315
1834 de 43 pour 100	1834 de 5,125	6,952
1835 de 46 pour 100	1835 de 5,228	7,223
1836 de 53 pour 100	1836 de 5,300	7,282
1837 de 69 pour 100	1837 de 5,873	8,094
1838 de 68 pour 100	1838 de 5,844	8,014

On voit par ces calculs que l'abus du droit d'indulgence a été d'autant plus funeste, que le nombre des accusations et des accusés s'est accru périodiquement comme une conséquence nécessaire du relâchement de la répression et de l'excessive modération des peines.

(1) Dans une seule période de cinq années, c'est-à-dire de 1834 à 1838, 917 accusés ont été déclarés

les condamnations infamantes. La masse des acquittements ne s'est point abaissée, et la progression du nombre des seuls accusés *pour crime*, qui, pour les six dernières années seulement, s'est accrue successivement d'un millier, prouve assez mathématiquement que dans la période d'un demi-siècle la moyenne des accusés qui était, avant la réforme, d'à peu près 7000, aura atteint le chiffre énorme d'environ 15000.

Mais sans scruter un avenir malheureusement trop assuré, n'avons-nous pas déjà sous les yeux le tableau le plus désolant de l'insuffisance des peines dans ce chiffre de 13715 récidivistes pour crimes ou délits (1), que présente le compte de

---

par le jury coupables de crimes capitaux. Sur ce nombre 731 avaient été déclarés convaincus, mais avec circonstances atténuantes; le surplus l'avait été sans ces circonstances. Sur ces 731 condamnés auxquels le jury avait fait grâce de la vie, on comptait *notamment* 32 *parricides*, 87 *empoisonneurs*, 293 *assassins et* 116 *incendiaires*.

(1) Sur ce nombre total, les condamnés avaient subi un plus ou moins grand nombre de jugements. Le chiffre varie de un à dix et même au-delà. « Les » récidives vont toujours en augmentant, dit M. le » garde des sceaux dans son rapport de la justice » criminelle publié en 1840; elles dépassent de

la justice criminelle pour la *dernière année seulement*, et celui de 37550 accusés ou prévenus en *âge de minorité* pour les *trois dernières*?

Il est donc acquis par ces démonstrations statistiques que la répression, pour être efficace, doit être proportionnée et que le nombre démesuré de condamnations correctionnelles prononcées par les Cours d'assises devient une répression purement nominale pour la plupart des condamnés, en même temps qu'il fait mentir la volonté des lois et ébranle ainsi en pure perte le respect des pouvoirs publics. Que deviennent dès-lors, en présence de ces calculs, tous ces rèves d'amélioration et de perfectionnement dont l'esprit d'innovation avait entouré l'auréole de la législation réformée? Illusions, désenchantement et déception sont depuis longtemps pour les hommes de pratique et d'observation les fruits amers de cette législation naguère encore à l'état d'enfance, mais qui compromet aussi gravement le présent qu'elle menace sérieusement l'avenir.

Aux maux que nous venons de signaler, il faut

» plus de *deux mille* celles des années précédentes;
» *enfin elles sont plus nombreuses parmi les libérés*
» *ayant un certain degré d'instruction, que parmi*
» *ceux qui ne savent ni lire ni écrire.* »

un remède prompt et efficace. Dans une société bien organisée la justice criminelle ne peut, sans un péril extrême, demeurer habituellement en souffrance; mieux vaudrait qu'il en fût ainsi de la justice civile, malgré son importance réelle: *Crimen civili majus est* (Constantin, l. ult., de ord. jud.) Les lois civiles, en effet, sont plutôt les réglements domestiques de la grande famille, que des principes de salut public; mais les lois criminelles sont la mise en défense de l'ordre établi: sans leur appui salutaire, pouvoirs, principes et sécurité, tout s'altère, s'ébranle et périt; car en elles reposent l'honneur, la propriété et la vie des citoyens, c'est-à-dire les garanties premières de l'union commune: *Omnia judicia* (dit Cicéron) *aut distrahendarum controversiarum, aut puniendorum maleficiorum causâ reperta sunt: quorum alterum levius est, propterea quod et minus lædit et persæpe disceptatore domestico dijudicatur; alterum est vehementissimum, quod et ad graviores res pertinet et non honorariam operam amici sed severitatem judicis ac vim requirit.*

Mais devra-t-on brusquement faire retour aux anciennes règles au risque de heurter des faits accomplis, des idées reçues et une coutume établie? Ou bien n'est-il pas plus convenable de composer avec l'état des esprits et les exigences de la société nouvelle?

« La juste sévérité, dit Bossuet, que Dieu fait » éclater si visiblement, quand les crimes se sont » multipliés et sont parvenus jusqu'à un certain » excès, doit être en quelque sorte le modèle de » celle des Princes dans le gouvernement des » choses humaines. » (*Politique.*) *Malitia crescente, augeri debet pœna.* (de Pœnis.)

Si les choses étaient entières, je dirais en toute liberté que la loi qui a réglé par la voie du tirage au sort la formation du Jury, a mis le sceau à ce qu'il était permis d'attendre de perfectionnement dans cette partie importante de nos institutions, et que ce qui a été fait depuis lui a porté une atteinte mortelle; car le malheur a voulu qu'on ne s'en soit jamais occupé qu'au travers des préoccupations politiques et des réactions: or la politique gâte tout ce qu'elle touche, son intervention dans le jeu des lois ordinaires est une calamité; elle exclut le calme dans les délibérations, absorbe les meilleures pensées et confisque le plus souvent le droit commun à son profit.

C'est ce que nous avons vu naguères dans ces lois de circonstance brusquement élaborées qui, par de périlleux essais, ont livré tour à tour l'ordre public, la vie et la liberté des citoyens aux éléments d'une majorité de votes successivement trop forte et trop faible, tâtonnements déplorables qui ont porté le désordre dans la législation comme je le démontrerai bientôt.

J'en dirai de même de celle qui a fait entrer l'article 463 du Code pénal dans les attributions du Jury. Il fallait, disait-on, pourvoir par cette concession aux abus toujours croissants de l'omnipotence : erreur déplorable et nouvelle déception du temps et des choses ; vous avez ramolli les peines ; avez-vous eu un acquittement de moins ? Non, mille fois non ; preuve nouvelle qu'en législation, qui est la morale écrite du peuple, ce n'est point par le relâchement, la faiblesse ou des complaisances qu'on redresse les écarts de l'opinion, mais qu'on les propage et qu'on les sanctionne de la plus dangereuse consécration !

Dans une telle conjoncture, que fallait-il faire? ce qu'on a fait alors avec raison pour certains crimes capitaux dont la répression légale paraissait outrée : abaisser l'échelle des peines et mettre ainsi la législation en harmonie avec la véritable opinion que j'appellerai la conscience publique; mais cette omnipotence chimérique et paradoxale du Jury, conçue par quelques esprits chagrins ou passionnés qui tentèrent par là d'introduire la révolte dans le sanctuaire des lois, devait-on, pour quelques abus passagers, la traiter en souveraine, composer avec elle et sacrifier à son capricieux arbitre la sagesse écrite de nos lois ; ou plutôt n'eût-il pas suffi de la livrer à la fermeté des Magistrats et au retour si prompt et si facile de l'opinion trompée ? Déjà le temps en eût fait justice !

Magistrat des Parquets et Président d'assises, j'ai vu fonctionner de près les institutions judiciaires de cette époque, et j'affirme que dans son ensemble et ses généralités l'œuvre de la Justice était digne de tous les hommages. Pourquoi faut-il que des mains imprudentes aient détruit cet édifice du temps et de la sagesse ? On a peine à s'en rendre compte, si ce n'est par cette préoccupation des esprits qui, dans les grandes commotions politiques, entraîne au-delà des bornes peuples et Gouvernements et ruine les institutions les plus sages sous prétexte de les améliorer.

Ainsi donc le passé avec ses règles d'organisation des Cours d'assises, ses conditions réglementaires du vote du Jury, l'intervention accidentelle de la magistrature dans les éléments de ce vote et, avant tout, la suppression du droit d'atténuer les peines dans les matières du grand criminel, serait, dans mon opinion profonde, l'acte le plus impérieux qu'exigerait des pouvoirs de la société la situation critique que nous a faite la législation réformée.

Toutefois je m'empresse de le reconnaître, il faut vouloir, avant tout, le possible, et les changements les plus salutaires dans les lois doivent être subordonnés aux temps, aux conjonctures, à l'état des esprits et, dans la forme de notre gouvernement, aux nécessités de la constitution. On doit même dans l'œuvre du bien ménager les amours propres et les susceptibilités, tenir compte des faits accomplis et rectifier l'opinion par des voies douces et praticables, plutôt que la heurter brusquement par des réactions. Je comprends cette situation et, puisqu'il le faut, j'entrerai dans la voie des tempéraments.

L'article 463 du Code pénal qui a accordé au Jury le droit exorbitant de modérer la rigueur des lois par l'admission des circonstances atténuantes a, de fait, transporté le droit de grâce des attributs de la Couronne dans le domaine de la Justice. Nous avons démontré qu'il en usait sans mesure, sans discernement et presque sans examen; le mal qui en résulte est à son comble, tous les bons esprits en sont frappés.

Maintenons ce droit d'atténuation, si la nécessité des choses le veut ainsi; mais sachons en tempérer l'exercice en le confiant à un pouvoir responsable accoutumé à coordonner ses œuvres et à les faire respecter. La Magistrature offre ces garanties mieux que personne; elle saura, dans la distribution mesurée des peines, ce qu'elle doit à l'humanité, à l'ordre public et à sa propre considération, et, sous l'égide de son autorité, on n'aura à déplorer, ni la rigueur exagérée des peines, ni la décadence de la répression. *Juste judicans misericordiam cum justitià servet.* (Cicéron.) *Justitia cum misericordià coambulet.* (Saint Jean Chrisostôme.) *Æquitas est justitia cum misericordià temperata.* (Saint Augustin.)

Vainement appréhenderait-on que cette délégation ne fût un empiétement de la loi sur les prérogatives du Jury. Il ne faut pas oublier que l'atténuation des peines n'a jamais été, de sa nature, dans le domaine du fait, mais une pure concession du droit dont cette atténuation n'est qu'un démembrement, ou, si l'on veut, un pacte de la loi avec la faiblesse humaine.

Par cette sage répartition des pouvoirs, le Jury, dégagé de toute préoccupation étrangère, exercera désormais sa souveraineté dans les seules limites du fait et laissera peser sur d'autres la responsabilité des peines auxquelles il n'aura pas directement concouru. Sous l'empire de la législation criminelle ancienne, il était l'agent unique et immédiat de la pénalité; car une fois qu'il avait répondu oui sur le fait, il suffisait d'ouvrir le livre de la loi et de le laisser parler : donc la conséquence de son vote était directe et inévitable, et la force des choses faisait que, nonobstant toute prohibition contraire, il se préoccupait toujours de la peine. Sous l'empire de la législation actuelle, cet inconvénient est bien autrement grave, car il enfante les plus déplorables accommodements. Avec l'intervention obligée de la Magistrature dans la modération des peines, il n'en sera plus de même, et je crois assez connaître le Jury pour affirmer qu'il sera soulagé par là de la plus funeste préoccupation qui puisse affecter la liberté des votes, je veux dire de la perspective obligée de telle ou telle condamnation.

Ainsi de ces deux agents secondaires, parallèles et indépendants l'un de l'autre, chacun répondra de son œuvre, le Juré, de la culpabilité, le Magistrat, de la peine, et l'institution du Jury fonctionnant sans contrainte et sans entrave sera l'organe de convictions toujours sincères et l'interprète fidèle de la conscience publique.

En restituant de la sorte, par un pouvoir interposé entre la loi et les citoyens, à la Magistrature ses attributions naturelles et au Jury son propre caractère, on aura, si je ne me trompe, heureusement résolu ce grand problême de législation qui a si souvent porté le désordre dans l'administration de la justice et que je définirai *de l'influence inévitable des peines sur les délibérations du Jury.*

La distinction de ces attributions n'est pas une thèse nouvelle, et déjà nous en trouvons le principe en Angleterre. Dans ce pays où les peines les plus graves sont prononcées pour les moindres délits, les juges sont investis en quelque sorte du droit de vie et de mort sur un très-grand nombre d'accusés déclarés coupables par le Jury ; s'il en était autrement, plus de 1300 condamnations capitales seraient exécutées annuellement et souleveraient d'horreur la nation entière ; le Roi est dans l'usage constant de ratifier ces commutations. Quant aux délits moins graves, la loi s'en rapporte à la prudence du Juge qui condamne à l'amende, à l'emprisonnement, au pilori et même au fouet, en vertu d'un pouvoir illimité, suivant la qualité, le rang, la fortune du coupable et le caractère de l'offense. (Collection du *State trials* de 1776.)

En France ce ne serait pas la première fois que le droit de modérer les peines aurait été confié à la Magistrature, et le pouvoir exorbitant que je propose de lui attribuer aujourd'hui comme règle fondamentale, la loi du 25 juin 1824 le lui avait déjà concédé pour certains cas exceptionnels, tels que l'infanticide, les coups et blessures et la plupart des vols. Or quel usage les Cours d'assises ont-elles fait de ce pouvoir discrétionnaire pendant les huit années qu'elles en ont été investies ? celui qu'on devait attendre de leur patriotisme, de leurs lumières et de leur sagesse !

Sous un autre point de vue, considérons encore que par une disposition formelle de nos lois le Magistrat est déjà, dans les cas d'admission des circonstances atténuantes par le Jury, investi du droit de parcourir l'échelle des pénalités dans une grande latitude, et qu'il est bien plus conforme à la raison, qu'au lieu de juge vassal et subalterne de ces circonstances, il en devienne souverain modérateur, comme il l'est déjà des proportions de la peine. Ainsi la pensée unique qui aura admis l'atténuation du délit, procédera seule et sans contrainte à la nuance et à la mesure de la condamnation, et par là seront rétablis l'unité dans les choses, l'ordre dans les idées et l'harmonie dans les pouvoirs.

Mais encore dans la transposition d'un tel droit, faudra-t-il stipuler des garanties et créer des exceptions ; c'est là une nécessité impérieuse et que comporte une législation durable et à l'abri des vicissitudes du temps et des hommes. L'arbitraire sans limites et sans frein est la loi la plus dure dont on puisse accabler la faiblesse humaine, et il est dans les tendances de tous les corps organisés d'outre-passer la mesure de leur autorité. Il faut mettre la Magistrature à l'abri d'une semblable épreuve et d'un pareil soupçon.

Il est d'abord des crimes qui, par leur énormité, se classent dans une catégorie spéciale, et qui ne peuvent être modifiés par des tempéraments sans outrager profondément la morale publique. A l'exemple de nos Rois qui en avaient, par de sages ordonnances, excepté plusieurs du droit de grâce, il faut les excepter encore du droit d'atténuation. Ces crimes seraient en assez grand nombre; mais, pour ne pas altérer trop essentiellement le principe de la modération des peines, je les réduirai aux limites les plus sévères :

1° Le régicide, 2° le parricide, 3° le cas de conviction de plusieurs crimes capitaux, 4° l'empoisonnement suivi de mort, 5° l'incendie suivi de mort, même accidentelle, 6° enfin le meurtre consommé pour faciliter le vol ou tout autre fait qualifié crime, ou pour en favoriser l'impunité.

La répression de tels forfaits est la première de toutes les nécessités sociales, et la possibilité de composer avec elle ne doit pas être écrite dans nos lois, ni tenter la miséricordieuse faiblesse du Juge. Dans des matières aussi considérables, la peine capitale seule devra être appliquée, *quia id fieri utilitas publica persuadet* (Sénèque, *de Clementiâ*).

Dans les autres condamnations pour crime, la Cour d'assises exercera dans toute sa plénitude son droit de modérer les peines, suivant le mode déjà établi par l'article 463 du Code pénal, mais sous ces deux réserves de rigueur, la première qu'elle ne pourra diminuer que d'un degré l'échelle des pénalités ; et la seconde, qu'elle fera connaître publiquement les motifs qui l'auront déterminée à user du droit d'indulgence.

La première de ces conditions dérive de la nature même des choses et de l'ordre logique des idées : comprend-on, en effet, qu'un crime de première classe, dont tous les caractères sont admis par le Jury, puisse s'abaisser de deux degrés par la seule force des atténuations; et n'est-il pas au contraire plus conforme à la raison qu'il subisse la peine du crime immédiatement inférieur? Une latitude plus considérable, en détruisant l'économie des lois, ne confond-elle pas les notions de la justice dans des équipollences et des assimilations impossibles? et pourtant nos lois sont ainsi faites que par la seule admission des circonstances atténuantes un parricide, un empoisonneur et un assassin peuvent être condamnés à la même peine que l'auteur d'un vol avec effraction, *optimus judex qui minimum sibi* (Bacon) (1).

---

(1) La statistique criminelle des deux dernières

La seconde condition exige quelques développements préalables qui en feront comprendre l'utilité. La puissance des motifs sur la bonne administration de la justice ordinaire est un immense bienfait ; c'est le compte rendu de la décision du Juge à l'autorité dont il relève et à l'opinion qui l'observe ; c'est aussi la plus forte garantie des intérêts privés et de l'exécution fidèle des lois. Dans les Gouvernements absolus où la volonté de l'homme est la première condition, le Juge dit et ordonne sans phrases, en peu de mots, et sa volonté fait la règle ; dans les Gouvernements tempérés et surtout dans les Etats constitutionnels où la loi se place avant la volonté de l'homme, la nécessité des motifs dans les arrêts de la justice est une maxime fondamentale et de droit public. Nos institutions ont sagement pourvu à cette garantie : dans nos

---

années 1837 et 1838 met à jour l'esprit d'indulgence et d'atténuation qui a peu à peu pénétré dans les corps judiciaires : on voit en effet par les rapports de cette faible période de l'administration de la justice, que les Magistrats ont usé 1824 *fois* de la faculté d'abaisser la peine au deuxième degré, et qu'ils n'ont refusé de le faire qu'à l'égard de 1000 condamnés seulement. (*Rapports au Roi publiés en* 1839 *et* 1840.)

mœurs judiciaires, une décision rendue par la plus faible juridiction, sur le plus minime intérêt et même dans les limites de la souveraineté, serait radicalement nulle, si elle n'était motivée ou si les motifs étaient insuffisants; à bien plus forte raison en est-il ainsi dans les matières criminelles où s'agitent l'honneur, la liberté et la vie des citoyens. La règle générale veut donc que toutes les décisions du Juge expriment les causes qui les ont déterminées.

Le Jury seul est dispensé de cette prescription du droit commun, il ne prononce que par un mot, et ce mot est une négation ou une affirmation sèche et sans paraphrase, *non liquet*. Serait-il donc plus infaillible dans ses votes, ou plus indépendant dans ses résolutions ? Nullement; mais, outre l'impossibilité morale de l'obligation des motifs, imposée à des corps inhomogènes, il ne faut pas perdre de vue que l'institution du Jury est un élément démocratique, ou, en d'autres termes, qu'elle est dans son essence un démembrement de la souveraineté du peuple: faut-il donc s'étonner qu'en formulant ses oracles sur le ton bref et impérieux du pouvoir absolu, elle ait conservé l'empreinte de son premier caractère ?

Dispensé de la prescription des motifs dans ses décisions principales, le Jury ne pouvait y être asservi dans ses décisions secondaires : en matière de circonstances atténuantes, son refus de les admettre se manifeste par son silence, et leur admission par un mot. La Magistrature ne procédera point de la sorte dans l'exercice souverain du pouvoir que je propose de lui transférer. Il est temps que la vérité soit rétablie dans les choses et que la faculté de suspendre le cours de la législation ne prenne plus la place de la législation elle-même. Les Cours de justice n'ont jamais aspiré à se placer au-dessus des règles ; mais leurs œuvres, pour être respectées, doivent être mises à jour ; il ne faut pas qu'une justice occulte et ténébreuse puisse donner asile à la faiblesse ou à de mystérieuses complaisances. Dépositaires du droit de faire fléchir la loi en faveur de l'humanité, plus leur responsabilité sera grande, plus il faudra la protéger et la raffermir. C'est publiquement, à la lumière du soleil, que leurs comptes seront débattus avec l'opinion ; non pas dans des formules banales et trompeuses, indignes de la majesté des audiences, mais dans des motifs graves et sérieux, tels qu'on devra les attendre de la haute mission qu'elles auront reçue et que déjà elles ont accoutumé le public à entendre. Ainsi placé sous le patronage des organes naturels de la loi et sous la garantie du droit commun, le pouvoir d'atténuation cessera seulement d'être dérisoire comme il l'est devenu de nos jours et reprendra le caractère sérieux qui convient à un grand principe de législation.

Mais si l'on confie plus de puissance à la Magistrature, qu'on lui rende au moins sa force et son éclat ; cessons de remettre à trois Juges le pouvoir de prononcer souverainement sur des intérêts civils illimités, des incidents périlleux, une interprétation difficile des lois et de faire une application grande et large de l'échelle des pénalités. Est-ce là le juge anglais dont Montesquieu dit : « Si l'accusé est déclaré coupable, » le Magistrat prononce la peine que la loi infli- » ge, et *pour cela il ne faut que des yeux?* » Que par une anomalie choquante dans notre organisation judiciaire, on ne voie plus trois personnes statuant à elles seules sur une foule de questions qui touchent à l'honneur des familles, à la liberté et à la vie des citoyens, lorsque, pour la décision d'un intérêt minime, la loi aura institué deux degrés de juridiction et des Juges bien autrement nombreux. Rétablissons l'homogénéité dans les lois et l'accord entre les juridictions, non par des assimilations impossibles, mais en tenant compte de la nature des choses, de la marche des procédures et de l'équilibre forcé qui maintiendra toujours dans une observation respective les fonctions parallèles du Jury et de la Magistrature.

Le retour au nombre de cinq Juges dans la formation des Cours d'assises me paraît donc un acte de la plus urgente nécessité. Vainement prétend-on justifier cette réduction par la comparaison des Cours de justice criminelle qui étaient organisées de la sorte; on oublie qu'avant la formation de ces Cours dont l'exercice n'a pas duré plus de huit ans, les Tribunaux criminels furent, pendant un assez long temps, composés de cinq Juges, sous l'empire d'une législation qui rendait leurs attributions cent fois moins importantes qu'elles ne le sont aujourd'hui.

En effet l'article 610 du Code des délits et des peines du 3 brumaire an 4, qui organisa ces tribunaux et leurs formes de procéder, renvoyait pour la pénalité au Code du 25 septembre 1791 qui ne laissait aucune latitude aux Juges pour l'application de la peine, mais en déterminait la quotité d'une manière fixe et invariable, suivant la nature et l'espèce de chaque crime. Cette considération influa beaucoup dans le temps sur la réduction du nombre des Juges dans les Cours de justice. Aujourd'hui notre législation pénale, dont la règle du maximum et du minimum des condamnations forme un des principaux caractères, ne peut plus se prêter à une telle restriction sans blesser profondément les premières garanties de la justice et l'autorité de la chose jugée dans les arrêts criminels.

Déjà tous les premiers corps judiciaires ont manifesté ce vœu dans leurs remontrances sur la nouvelle organisation des Tribunaux ; et bien auparavant, la réduction du personnel des Cours d'assises avait rencontré dans les pouvoirs parlementaires et surtout dans la classe des Jurisconsultes les plus énergiques protestations. Mais ces résistances avaient été impuissantes contre le prestige d'une loi qui, suivant l'expression naïve d'un célèbre orateur, offrait l'immense avantage de *simplifier* la Magistrature : déplorable sophisme et contradiction bizarre, comme s'il n'était pas de principe que l'unité et la concentration des pouvoirs sont des agents de domination et de prépondérance, et que leur répartition graduée est la meilleure garantie de la liberté individuelle : aussi est-il arrivé que les Magistrats des assises sont devenus d'autant plus puissants qu'ils ont été moins nombreux, et que, par contre-coup, l'autorité des Présidents, partiellement dégagée du contre-poids dont une législation prévoyante l'avait balancée, s'est accrue dans une égale proportion. Voici comment, de faute en faute, la question toujours grave et sérieuse des choses s'est effacée devant la question des personnes agitée sous l'influence d'opinions ardentes et de politiques préoccupations; et c'est ainsi que, de nos jours, la plus solennelle de toutes les juridictions se trouve ravalée aux proportions mesquines de la plus triviale des maximes, *tres faciunt capitulum.*

Une telle situation appelle une réforme prompte et d'autant plus impérieuse, que je vais démontrer que la loi qui fixe la majorité nécessaire pour opérer condamnation doit être aussi l'objet d'une révision radicale et que ces deux branches de la législation doivent s'absorber dans une règle commune et un principe uniforme.

La majorité légale des voix nécessaires pour baser les condamnations est une de ces théories abstraites sur lesquelles les esprits pourront longtemps s'exercer et qu'il est toujours dangereux d'agiter dans des vues purement spéculatives. Le danger de condamner un innocent est une éventualité funeste contre laquelle la législation ne saurait stipuler trop de garanties; mais on ne doit pas non plus immoler les besoins de la société à des appréhensions chimériques et exagérées. Dans une question aussi grave, il faut tenir peu de compte des théories et s'attacher principalement à l'autorité des faits et à la rectification pratique des abus.

La révolution française de 1789, en ouvrant

aux idées une carrière nouvelle et sans limites, a livré la justice criminelle aux capricieux essais d'une réforme ardente et sans frein. L'école philosophique abusa promptement de ces prémices de la liberté, tant on semblait alors moins redouter les entreprises des malfaiteurs que les erreurs de la justice.

Dans la ferveur d'une possession nouvelle, les principes faussés tour à tour furent poussés, par d'imprudents essais, jusqu'à leurs dernières conséquences, et l'institution du Jury qui venait à peine d'éclore en France ne tarda pas à être ainsi prostituée.

Dans l'origine, la loi du 16 septembre 1791 (1) voulut que l'accusé fût acquitté s'il réunissait seulement trois boules blanches en sa faveur; il en résulta l'impunité d'un grand nombre de crimes. La loi du 3 brumaire an 4 (2) ne chan-

---

(1) Titre 7, art. 28. « L'opinion de trois Jurés » suffit toujours en faveur de l'accusé, soit pour dé- » cider que le fait n'est pas constant, soit pour déci- » der en sa faveur les questions relatives à l'inten- » tion posées par le Président. »

(2) Art. 403. « La décision du Jury se forme sur » chaque question en faveur de l'accusé par le » concours de trois boules, et contre lui par le con- » cours de dix. »

gea rien à cet ordre de choses, mais de tous côtés s'élevèrent des réclamations ; le législateur n'en tint aucun compte. Dans ces temps malheureux, le Jury, s'il est permis d'appeler encore de ce nom des Commissions permanentes composées d'hommes féroces et d'assassins, s'était montré le docile instrument des plus terribles réactions ; il avait cruellement servi les fureurs et les vengeances de la politique : lors donc que la France gémissait sous l'impunité presqu'absolue de tous les crimes, on ne vit dans cette institution qu'un auxiliaire utile et fidèle qui n'avait jamais failli aux sanglantes proscriptions du pouvoir, et les intérêts sacrés du droit commun demeurèrent ainsi dans l'oubli.

Enfin le 19 fructidor an 5, la mesure de tous les désordres étant à son comble, le législateur brisa la règle des trois voix qui avait produit de si tristes résultats, et une loi nouvelle porta : « qu'à l'avenir le Jury donnerait sa déclaration » à l'unanimité ; que si cependant l'unanimité ne » pouvait être acquise, il pourrait donner cette » déclaration à la majorité simple ; mais seulement » après vingt-quatre heures de délibération. » (1)

---

(1) Art. 33. « Les Jurés ne pourront dans les 24

Voilà donc le principe de la majorité ordinaire introduit dans l'administration de la justice criminelle sous la garantie prétendue d'une discussion préalable de vingt-quatre heures. Mais l'unanimité apparente que la loi sollicitait dans cette épreuve pour fortifier, par l'influence extérieure du nombre, le respect de la chose jugée, n'était le plus souvent que l'adhésion de la minorité à la majorité, minorité impuissante qui cédait presque toujours pour ne pas prolonger de vains débats en pure perte et tenir ainsi tout un Jury en charte privée.

C'est ce que démontra bientôt l'expérience.

» heures de leur réunion voter pour ou contre qu'à
» l'unanimité ; ils seront pendant ce temps exclus
» de toute communication extérieure : si après
» ce délai ils déclarent qu'ils n'ont pu s'accorder
» pour émettre un vœu unanime, ils se réuniront
» de rechef, et la déclaration se fera à la majorité
» absolue. » L'article 1er de la loi du 8 frimaire an 6 ajouta : « Lorsqu'après les 24 heures prescrites au
» Jury du jugement pour parvenir à former une
» opinion à l'unanimité, il y aura partage entre les
» Jurés sur une ou plusieurs des questions qui leur
» sont soumises, leur chef fera une déclaration à la
» décharge de l'accusé, comme si la majorité eût
» prononcé en faveur dudit accusé. »

En effet, suivant un relevé fait en France de tous les jugements rendus depuis l'an 5 jusqu'à 1809, tous l'avaient été à l'unanimité, à l'exception de quarante environ par an; et à Paris spécialement, sur 1800 procès jugés en 4 ans et demi par le Tribunal criminel, vingt-un seulement avaient été rendus à la simple majorité. Dans toutes ces dernières affaires il s'agissait d'assassinats, d'incendies, de vols de diligences, d'empoisonnements, d'infanticides, de fausse monnaie, c'est-à-dire de cas capitaux où la garantie de l'unanimité était le plus nécessaire.

Ainsi devait se résoudre en des considérations de pure convenance et d'humaine faiblesse cette sauve-garde illusoire de l'erreur, sur laquelle on avait fondé de si pompeuses espérances, et le mot *unanime* qui termina presque toujours les délibérations ne fut le plus souvent qu'un mensonge officiel. (1)

---

(1) En Angleterre la législation exige l'unanimité du Jury en matière criminelle, mais comme elle est exigée pour l'acquittement comme pour la condamnation, en réalité c'est la majorité simple qui prononce, et le mot unanimité n'est encore là qu'une fiction. En effet cette unanimité peut être qualifiée l'œuvre d'une violence légale; car les Jurés restent enfermés sans boire ni manger, sans feu, ni

Cette règle a subsisté jusqu'à la promulgation du Code d'instruction criminelle de 1808. Ce

---

lumière, sauf permission du Juge, jusqu'à ce qu'ils soient d'accord. Voilà ce qu'on appelle le jugement du pays dans la terre classique de la liberté. La scène suivante, extraite du journal *le Times* au sujet du procès qui lui fut fait devant la Cour du banc du Roi le 15 juillet 1824 par M. Bodkin pour accusation de libelle, est trop caractéristique des mœurs et de la législation, pour que je ne m'empresse de la citer :
« A trois heures après midi le Jury se retira pour » délibérer.

» Entre six et sept, le Juge désirant se retirer » dans son cabinet, fait demander aux Jurés s'ils » n'ont aucune question à lui faire. Ils répondent » qu'ils désirent seulement obtenir quelques rafraî- » chissements ; sur quoi le Juge leur fait dire qu'il » ne peut accorder une telle demande qu'à ceux qui » pourront jurer que leur vie serait en danger à » défaut de nourriture.

» A sept heures, le Jury rentre à l'audience, et » deux Jurés spéciaux, l'un âgé de soixante-dix-neuf » ans et l'autre de quatre-vingts, répètent la même » demande ; mais le Juge y répond encore par sa » précédente observation. Alors M. Horton, âgé de » quatre-vingts ans, dit qu'il ne peut assurer si sa » vie est en danger, mais qu'il sent fort bien qu'il » n'y peut plus tenir sans nourriture. Quant à

temps d'arrêt dans nos orages politiques se prêtait merveilleusement à la solution définitive

---

» M. Robertson, âgé de soixante-dix-neuf ans, il » dit qu'il est à la Cour depuis le matin, et qu'étant » déjà entre les mains d'un médecin, comme forte- » ment indisposé, sa vie était certainement en dan- » ger s'il ne prenait rien.

» Sur ces entrefaites, M. Sawyer, l'un des *Tales* » *men,* fait au Juge plusieurs questions, qui an- » noncent que le point sur lequel on ne pouvait » s'accorder était de savoir s'il y avait eu *mauvaise* » *intention* de la part du défendeur. Après quoi les » Jurés délibèrent un moment sans sortir de l'au- » dience, et l'un d'eux annonce qu'ils sont d'accord » sur la décision au fond, mais non sur les domma- » ges-intérêts. En conséquence, ils se retirent pour » délibérer de nouveau, et le Juge permet de » donner à manger aux deux Jurés spéciaux qui » l'avaient demandé.

» A huit heures et demie, M. Sawyer et trois » autres Jurés écrivent chez eux qu'on ne doit pas » les attendre la nuit.

» A minuit, l'un des Jurés frappe à la porte de » l'audience et dit qu'ils ne sont pas prêts à s'accor- » der.

» A une heure, l'un d'eux demande un verre » d'eau, ce qui est accordé par le Juge.

» Peu de temps après, un autre Juré envoie une

d'une question qu'une pratique de dix-sept ans avait éclairée de ses observations. Discutée d'a-

---

» note, par laquelle il demande un jeu de cartes et » une autre espèce de jeu appelé *Cribbage-board,* » afin qu'ils puissent passer le temps jusqu'à ce » qu'ils soient d'accord. — Aucune réponse.

» A sept heures du matin, on entend à la porte » de l'audience un violent coup, venant de la cham- » bre des jurés. La porte ayant été ouverte par » l'officier de la Cour, M. Godsall, l'un des Jurés, » essaie de s'échapper, mais il est repoussé par » l'officier. Alors il s'écrie : Il faut absolument que » je sorte, car ils me rendront fou! Pour toute ré- » plique on referme la porte à clef.

» A dix heures passées, les Jurés prennent leur » place à la Cour. Leur contenance annonce la plus » grande fatigue, leur chef déclare qu'ils sont aussi » loin de s'accorder qu'au commencement, que » plusieurs d'entr'eux sont très-mal et qu'ils suc- » comberont à une plus longue fatigue.

» M. Godsall qui, depuis sa vaine tentative de » s'échapper, avait écrit au Juge, dit qu'il est très- » mal, que depuis les neuf heures du matin de la » veille il n'a rien pris, et qu'il voit sa vie réellement » en danger; qu'il pense qu'ils ne s'accorderont » jamais, et qu'il supplie le Juge de les délivrer de » leur souffrance.

» M. Roberston répète qu'il a quatre-vingts ans,

bord dans le sein de ce même Conseil d'Etat qui avait préparé l'œuvre du Code civil, le pouvoir législatif la sanctionna de son vote, et le pro-

---

» qu'il est très-mal, qu'il n'a rien pris qu'un peu de » vin et d'eau depuis la veille au matin, et qu'il a » été si mal qu'il avait cru ne pas pouvoir y tenir » toute la nuit.

« Ici commence le dialogue suivant :

Le Juge : « N'est-ce pas pour vous que j'ai or- » donné une tranche de pain et de viande avec du » vin et de l'eau ? »

M. Robertson : « J'en ai eu très-peu ; je ne sais » pas ce que nous deviendrons. »

M. Horton : « Je suis dans le même état ; j'ai eu » quatre-vingts ans au mois d'avril dernier et je » n'y puis tenir plus longtemps. »

M. Horn : « Je suis très-mal moi aussi ; mon corps » et mon esprit sont épuisés. »

Le Juge (après un moment de pause :) « Mes- » sieurs, je ne puis rien faire pour vous, il faut que » vous vous accordiez. »

M. Sawyer : « Nous sommes d'accord sur le » fond de l'affaire, et nous ne différons que sur les » dommages. »

L'Attorney général : « Milord, je me contenterai » de dommages nominaux. »

M. Scarlett, avocat du défendeur : « J'ai fait en » particulier une proposition à mon confrère, mais

blème que les réactions politiques ont remis de nos jours à l'étude fut résolu au milieu de la pacification générale des partis.

» il l'a refusée. Il ne devrait pas maintenant faire
» une proposition publique sans me l'avoir commu-
» niquée. »

Un Juré : « Milord, nous donnerons de suite des
» dommages nominaux. »

M. Pam : « Milord, nous avons délibéré toute la
» nuit sur les dommages. Nous différions dans le
» principe sur le fond même de la décision, mais
» ensuite ce n'a guère été que sur les dommages.
» J'espère que l'on nous délivrera de la position de
» détresse, et je puis dire d'humiliation, dans la-
» quelle nous sommes. Nous avons demandé deux
» fois de l'eau et une serviette pour nous rafraîchir
» le visage, et l'on nous a refusés. »

« Alors le chef du Jury, après avoir consulté les
» autres membres, dit qu'on accorde trente schel-
» lings de dommage.

» *L'Attorney général* dit qu'il en est satisfait, et
» qu'il le serait même d'un schelling. »

Le chef Juge : « Messieurs, êtes-vous bien d'ac-
» cord ? Quelques-uns d'entre vous paraissent an-
» noncer que non. »

M. Scarlett : « C'est vraiment irrégulier, il faut
» qu'ils s'accordent. »

M. le Juge Littledale : « Messieurs, votre déci-

On fit justice alors de toutes les exagérations de doctrine qui se sont depuis disputé la prééminence. Les esprits forts de cette époque comprirent, qu'à côté du danger de désarmer la répression, la règle générale des majorités simples qui régit les assemblées délibérantes devait être affermie dans une matière où l'honneur, la liberté et la vie des citoyens sont en jeu et ne peuvent être sacrifiés sur la parole d'un seul homme sujet aux passions, aux préventions et à l'erreur. *Ad unius testimonium nullus condemnabitur.* (Nombres, ch. 35, vers. 30.) Une pensée grande et profonde, telle que l'époque en inspirait alors, vint fixer tous les doutes, et l'intervention auxiliaire de la Magistrature mit fin à cette longue et inépuisable controverse. Le

---

» sion doit être le résultat de vos propres déterminations. »

Un Juré : « Quelle somme de dommages entraînera » le paiement des frais? La question des frais est » celle qui nous a longtemps divisés. »

L'Attorney général : « En ce cas, Messieurs, je » suis très-fâché que vous ayez eu tant de fatigue, » car les dommages que vous voulez accorder » n'emporteront pas le remboursement des frais. Je » suis très-fâché que vous ayez tant souffert, car un » mot de l'un de vous vous eût délivrés. » (M. Rey, *Inst. jud. angl.*)

législateur de 1808 voulut que les Magistrats, qui avaient assisté aux débats, fixassent par l'adhésion de deux d'entr'eux au moins à l'opinion des sept Jurés de condamnation la présomption de vérité qui s'attachait déjà à cette simple majorité, et cette règle d'administration du pouvoir judiciaire, perfectionnée depuis par la loi du 24 mai 1821 qui exigea pour ce cas l'adhésion de la pluralité des voix de la Cour d'assises, nous a régis depuis à la satisfaction de tous les intérêts.

Mais après la révolution de 1830, deux écoles rivales, ou, pour mieux dire, des hommes diversement impressionnés par les théories et les événements, ont fait tour à tour prévaloir des idées contradictoires. D'abord sous prétexte de restituer à l'institution du Jury sa pureté primitive, il fallait l'isoler du contact des Magistrats, prévenir la confusion des pouvoirs et rétablir entr'eux cette grande limite qui devait à jamais séparer les juges du fait des juges du droit.

Alors se présenta dans tout son vif la question ardue des majorités de condamnation, qui donna lieu aux plus étranges controverses sur l'autorité de la chose jugée, la probabilité ou l'improbabilité de l'erreur judiciaire, et mit à nu les perplexités de la justice humaine fondée sur le témoignage variable de la conviction individuelle. Cette thèse abstraite, que l'on avait si imprudemment soulevée par pure déférence pour des théories, fut enfin résolue par la loi du 4 mars 1831 qui abrogea le principe de l'association de la Magistrature comme auxiliaire de la simple majorité du Jury et décida que désormais ce dernier, fonctionnant à lui seul, ne prononcerait contre l'accusé qu'à la majorité de plus de sept voix, ce qui voulait dire que sept voix de condamnation emportaient acquittement, ou, en d'autres termes, que la minorité faisait la loi.

Voyons quels ont été les résultats de cette interversion hardie de la puissance du nombre dans les décisions de la Justice.

Quatre ans s'étaient à peine écoulés que cette même loi, votée d'entraînement comme une nécessité de l'époque et le complément des attributions du Jury, subissait le sort inévitable de toute législation enfantée dans la tourmente des passions politiques et les exagérations du pouvoir ou de la liberté. En présence d'un principe qui multipliait les chances d'impunité, le crime trouva des encouragements, le nombre des malfaiteurs s'accrut dans une effrayante proportion, et bientôt s'évanouirent, devant la mise à l'œuvre, toutes ces trompeuses théories sur l'infaillibilité du Jury et les progrès de la raison publique. L'engouement fut bientôt dissipé et la réaction des idées fut prompte ; tel est d'ailleurs l'esprit de la nation : l'opinion en France est inconstante, elle s'irrite et se calme, s'échauffe et se refroidit, se passionne et s'apaise suivant les impressions fugitives du temps, des choses et des influences; nous n'avons pas de caractère permanent, il faut le dire! Peuple nouveau, notre peu de foi dans les lois que nous fondons chaque jour égale notre indifférence pour les institutions vieillies !

Honneur au Gouvernement qui comprit alors toute la gravité de la situation en signalant avec courage aux pouvoirs parlementaires un danger réel qui forçait à revenir en arrière en retour des mécomptes et des désenchantements. En proposant la rectification des articles 341, 345 et 347 du Code d'instruction criminelle, M. le Garde des Sceaux disait dans l'exposé de ses motifs : « Depuis la révolution de 1830 et notam-
» ment *après la loi du 4 mars 1831 qui supprime*
» *l'intervention des Cours d'assises dans les décisions*
» *du Jury*, et qui dispose que ces décisions ne
» pourront se former contre l'accusé qu'à la ma-
» jorité de plus de sept voix, *l'institution du Jury*
» *ainsi constituée n'a pas cessé d'exciter des réclama-*
» *tions;* des acquittements inexplicables, jugés tels
» par l'immense majorité des citoyens, par ce
» qu'on peut appeler à juste titre l'opinion publi-

» que, ont montré que dans certaines occasions, la » société était demeurée sans défense. » Puis il ajoute : « On s'est plaint plus amèrement de la » double innovation apportée à l'institution du » Jury par la loi du 4 mars 1831 ; on s'est demandé pourquoi dans un Gouvernement de » majorité, où la pluralité des suffrages faisait la » loi, c'était à la minorité qu'on laissait le droit » de décider de la vie et de la fortune des citoyens ; pourquoi si l'on trouvait que la simple majorité ne présentait pas de garanties suffisantes pour l'accusé, la loi du 4 mars lui » avait enlevé l'adjonction et le contrôle des » Cours royales.... » (Et plus bas enfin :) « La » Chambre des Pairs en mil huit cent trente-un, » qui avait par amendement proposé de s'en tenir à huit voix pour les condamnations, exprimait encore des doutes sur cette concession : » *C'est,* disait-elle par l'organe de son Rapporteur, » *c'est un essai et un essai qui a ses périls ; donner à* » *la minorité le droit de décider, le droit de faire arrêt, certainement c'est chose grave.* Nous avons » déjà dit, ajoute le Ministre, que l'essai n'avait » pas été heureux. »

De son côté le Rapporteur de la loi s'exprimant au nom de la Commission qui avait eu à sa disposition tous les documents officiels de la statistique judiciaire, disait à la séance du 11 août de la Chambre des Députés : « Les effets ont-ils » répondu à l'attente des partisans de la loi de » mil huit cent trente-un? » L'orateur explique que les inconvénients de cette loi sont plus sensibles dans les accusations contre les personnes que dans celles contre les propriétés, et il signale à l'appui de cette distinction que la moyenne des acquittements en mil huit cent trente-deux a été très-considérable pour les accusations contre les personnes ; puis il ajoute : « Que l'on » consulte la statistique de la justice criminelle, et l'on verra que le nombre propor- » tionnel des acquittements *a toujours été croissant* » depuis mil huit cent trente-un, en égard aux » acquittements des années antérieures... Ainsi » pour les crimes, les acquittements ont été, en » mil huit cent trente-deux, de soixante-neuf » sur cent accusés.... On peut, on doit espérer » qu'avec la majorité de sept voix contre cinq, » le Jury ne laissera point de crimes impunis; il » faut pourtant examiner si d'autre part cette » majorité n'expose pas l'innocence à être sacri- » fiée, etc. »

A la séance de la Chambre des Députés du dix-huit août, un autre orateur, membre de la Magistrature, M. Hébert, disait : « De la comparaison » entre les statistiques de mil huit cent vingt- » neuf à mil huit cent trente-trois résulte la dé-

» monstration que la faiblesse du Jury est flagrante et que la loi de mil huit cent trente-un
» a amené l'acquittement d'un grand nombre
» de coupables.... » Et il ajoute : « Nonobstant
» la loi de mil huit cent trente-un sur la fixation
» de la majorité de condamnation, celle de mil
» huit cent trente-deux sur les circonstances atténuantes et celle qui avait auparavant classé
» plusieurs crimes dans la catégorie des simples
» délits ; malgré ces innovations, dit-il, dont le
» résultat devait être de rassurer la conscience
» des Jurés, d'amener des condamnations moins
» sévères, mais en même temps un plus grand
» nombre de condamnations et justice complette
» de tous les coupables, il n'y a pas eu plus de
» condamnations en mil huit cent trente-trois
» qu'en mil huit cent vingt-neuf.... En mil huit
» cent trente-un on agissait sans doute dans les
» meilleures intentions ; mais n'est-il pas dans
» la vie des assemblées législatives, de ces moments où les sentiments généreux les entraînent parfois au-delà du but qu'elles voudraient
» atteindre ?... La loi de mil huit cent trente-un
» ne suffit donc pas aux besoins de la société. »

Le Ministre de l'instruction publique s'écriait dans la séance du même jour : « Eh bien ! il est
» vrai qu'en 1831, quand on a fait la loi du
» 4 mars, tout le monde a pensé, et moi comme

» les autres, que le pays était assez tranquille, » l'ordre assez fort pour qu'on pût donner à » l'accusé la garantie d'une voix de plus.... Mais » depuis n'est-il pas vrai qu'il s'est élevé en » France un cri mille fois répété sur la faiblesse » d'un grand nombre de décisions en matière » criminelle... » Et plus bas il ajoute : « Après » tout ce qui s'est passé depuis mil huit cent » trente-un, il nous paraît que l'ordre social n'a » pas toutes les garanties dont il a besoin, il » nous paraît que la bonne administration de la » justice est en souffrance, etc. »

Enfin à la séance du dix-neuf août, M. le Garde des Sceaux insistait en disant : « Le Gouverne- » ment vous a dit et il vous répète par mon or- » gane que l'état du Jury, tel qu'il est, ne lui » donne pas les garanties auxquelles il a droit de » prétendre. Dans les circonstances actuelles le » Gouvernement *n'a pas à proprement de justice* » *pour le protéger;* si vous vous croyez suffi- » samment garantis avec la loi, libre à vous de » prendre la direction des affaires publiques ; » pour nous, nous ne nous en sentons pas le » courage : la composition actuelle du Jury ou » plutôt le nombre de voix exigé pour la con- » damnation ne nous donne pas la sécurité con- » venable, etc. »

Après un tableau aussi déplorable de la situation et un désaveu aussi éclatant que loyal d'une loi à laquelle presque toute la législature de 1835 avait pris part, fut votée la loi du neuf septembre de cette année qui rectifia les articles 341, 345, 346, 347 et 352 du Code d'instruction criminelle.

Malheureusement encore des préoccupations politiques, suscitées, comme le dit Bacon, *par la piqûre du moment,* rendirent imparfaite l'œuvre de la réforme, et cette fois, par une de ces réactions toujours si fréquentes dans les vicissitudes des Gouvernements, le principe des majorités qui sert de fondement au respect de la chose jugée reçut la plus grave atteinte qui lui ait été portée dans aucun temps (1). Plus sévère que la loi du 19 fructidor an 5 qui ne laissait prévaloir l'avis de la majorité simple qu'après une épreuve de vingt-quatre heures de délibération, et que l'ancien article 351 du Code d'instruction criminelle qui exigeait en ce cas l'adhésion d'une partie des Magistrats de la Cour d'assises, cette loi a posé en principe que désormais la décision du

---

(1) M. Muteau disait avec prévoyance, à la séance du 14 août de la Chambre des Députés : « Tâchons » de n'avoir point à *rectifier* plus tard les *rectifi-* » *cations* d'aujourd'hui. »

Jury contre l'accusé se formerait à la majorité. Mais au lieu de rentrer franchement dans la règle de l'intervention des Magistrats, comme l'amendement en fut proposé sans succès (1), on décide comme terme de rapprochement entre des opinions extrêmes que lorsque « l'accusé n'aura » été déclaré coupable qu'à la simple majorité, » il suffira que la majorité des Juges soit d'avis » de surseoir au jugement et de renvoyer l'affaire » à la session suivante, pour que cette mesure » soit ordonnée par la Cour (2). » Ainsi ce qu'on n'avait osé faire manifestement en faisant intervenir, enseignes déployées, la Magistrature dans la décision du Jury comme auxiliaire d'une majorité impuissante et arbitre d'un doute inquiétant, nous allons voir qu'on le fait pour ainsi dire à la dérobée par un mode illusoire qui ne présente ni dignité, ni garantie, ni justice. Ce n'est point là ce qu'on a voulu sans doute,

---

(1) Cet amendement ne fut rejeté qu'après deux épreuves. M. le Garde des Sceaux s'était levé en sa faveur.

(2) Ce sous-amendement improvisé en désespoir de cause par un des plus savants Magistrats de la Cour de cassation qui voyait à regret consacrer le principe de la simple majorité, fut voté dans la même séance.

et c'est pourtant ce qui arrive chaque jour depuis l'application malheureuse de cette nouvelle théorie sur les majorités de jugement.

Sous l'empire de l'article 351 du Code d'instruction criminelle modifié par la loi du 24 mai 1821, il n'en était point de même; l'accusé déclaré coupable à la simple majorité de 7 voix contre 5 n'était ni acquitté, ni condamné, il n'était pas jugé; pour qu'il fût définitivement condamné, il fallait encore qu'une nouvelle majorité de trois voix au moins sur cinq se formât contre lui dans le sein de la Cour d'assises, comme elle s'était formée déjà dans le sein du Jury : ainsi dans ce cas d'exception, deux corps délibérant tour à tour; le premier souverain pour acquitter, même par le partage des suffrages, mais impuissant pour condamner à la majorité simple sans l'assistance d'une autre majorité prise dans la Cour d'assises : résumé général des deux délibérations, dix voix au moins pour la condamnation contre sept voix d'acquittement, ou environ les deux tiers de la totalité.

Cette règle des majorités que le Jury observait alors, lorsqu'il condamnait à lui seul sans l'intervention des Magistrats, était conforme à toutes les traditions de notre droit public criminel attestées par l'ordonnance de 1539, celle de 1770, les lettres patentes du Roi Louis XVI de 1789, les lois déjà citées sur l'organisation de la justice criminelle pendant la révolution française, et même celle du 13 brumaire an 13 sur les Conseils de guerre, monuments de législation qui, avec les traditions historiques, démontrent que dans les temps les plus reculés de la monarchie, comme dans les plus mauvais jours de notre histoire contemporaine, sous le Gouvernement absolu ou tempéré, comme sous celui de la violence et de la terreur, à toutes les époques enfin de justice ou d'oppression, sous les Parlements, dans la Pairie, dans les Conseils de guerre, en Angleterre et en Amérique, la règle sacrée de la majorité de plus d'une voix, en matière de condamnation pour crime, profondément établie dans les mœurs judiciaires, a toujours été respectée comme le palladium de la garantie individuelle.

Aujourd'hui, par une innovation hardie et sans exemple, une seule voix doit suffire pour sacrifier l'honneur, la liberté ou la vie des citoyens; c'est là chose certainement très-grave et qui n'a pas été assez méditée sans doute!

Vainement dit-on que, dans un verdict de culpabilité prononcé à sept voix contre cinq, il existe deux voix de majorité; vain sophisme et pur jeu de mots! car qu'est-ce qu'une majorité de deux voix qui disparaît par la suppression *d'une seule* de ces voix qui fera qu'il y aura partage ou, en d'autres termes, point de décision? S'il y avait prépondérance réelle de deux voix, cette prépondérance existerait aussi bien pour une de ces voix que pour deux, et nous venons de voir qu'elle ne peut avoir lieu isolément; ainsi donc la réunion de sept voix contre l'accusé est le premier de tous les adminicules et la plus mince de toutes les présomptions de culpabilité, puisqu'au-dessous de ce chiffre et si l'on en supprime un atome, il ne restera plus aucun élément de condamnation; d'un autre côté l'expérience a démontré, comme nous l'avons déjà dit, qu'il n'était pas possible d'attribuer à la minorité le pouvoir exorbitant de faire arrêt.

Entre ces deux écueils le législateur de 1808 avait parfaitement compris qu'il fallait faire intervenir un pouvoir auxiliaire qui fît pencher la balance par un supplément d'examen, de lumières et de garantie. Mais voyez quelle différence dans cette intervention, il veut que la Cour délibère, c'est-à-dire que la majorité sanctionne ou annulle par l'expression nette et précise d'un vote l'œuvre accomplie du Jury. Voilà donc cinq Magistrats, témoins nécessaires des débats auxquels ils ont pris part, délibérant religieusement ensemble et prononçant publiquement à leur tour; ainsi dans ce cas de doute légal, deux examens, deux décisions, deux garanties et en quelque sorte deux justices.

Au lieu de cette intervention *forcée* du Juge, que fait la loi nouvelle? elle transforme en simple faculté ce qui était, dans la législation intermédiaire, de prescription et de rigueur. « Lors- » que l'accusé, » (dit l'article 352 du Code d'instruction criminelle réformé par la loi du neuf septembre 1835), « n'aura été déclaré coupable » qu'à la simple majorité, il suffira que la ma- » jorité des Juges soit d'avis de surseoir au juge- » ment et de renvoyer l'affaire à la session sui- » vante, pour que cette mesure soit ordonnée » par la Cour.

» Nul n'aura droit de provoquer cette mesure; » la Cour ne pourra l'ordonner que d'office et » immédiatement après que la déclaration du » Jury aura été prononcée publiquement, et » dans le cas où l'accusé aura été convaincu; ja- » mais lorsqu'il n'aura pas été déclaré coupable.

» La Cour sera tenue de prononcer immé- » diatement après la déclaration du second Jury, » même quand elle serait conforme à la pre- » mière. »

Mais entre les devoirs que traçait aux Magistrats l'article 351 de l'ancien Code et ceux que leur prescrit la loi nouvelle, la différence est profonde et capitale; car il y a loin de décider, par un vote exprès et solennel, qu'un accusé est ou non coupable, ou de nier sa culpabilité et le bien jugé de sa condamnation ; ce sont là deux attributs tout opposés de la conviction humaine et des devoirs du magistrat. Juge, il acquittera dans le doute ; simple surveillant, il se taira dans ce même doute, car alors il suffira que l'erreur du Jury ne lui soit pas démontrée : ainsi ce qu'il n'eût pas osé faire lui-même, il ne craindra pas peut-être de le laisser faire à d'autres, et le plus souvent dans la perplexité de son esprit il n'aura pas plus la force de formuler un *veto*, qu'il n'aurait eu la témérité dans le même cas de prononcer une condamnation.

On voit par là combien est illusoire cette haute censure que la loi a accordée aux Magistrats de la Cour d'assises sur les décisions du Jury rendues à la majorité simple; aussi dans la pratique de cette loi est-il presque sans exemple que les Cours d'assises aient jamais usé d'un tel droit (1) : or en

---

(1) Résultats de la statistique criminelle sur l'exercice de ce droit pendant trois années.

	Année	Nombre		
Nombre des condamnés à la simple majorité en	1836	221	Les Cours d'assises ont usé du droit de renvoi à une autre session par rapport à	5
	1837	189		1
	1838	196		2
	TOTAL.	606	TOTAL.	8

C'est-à-dire *une fois sur cent*. A défaut du secours

ne l'exerçant pas, les Magistrats n'adhèrent-ils pas virtuellement par un vote *occulte* et *présumé* à l'avis de la majorité simple du Jury, et ne le sanctionnent-ils pas ainsi en réalité par leur silence? *sententia sinè consilio* (Cicero, in Verrem). C'est ce qu'on ne saurait nier aucunement, et tel est bien certainement le but que s'est proposé le législateur lui-même.

Mais en même temps par une déférence abstraite pour la théorie de la séparation des pouvoirs, il n'a pas permis que les Cours pussent, en adhérant à l'avis de la minorité du Jury, prononcer *de plano* l'acquittement de l'accusé, et la faculté d'un sursis est le seul pouvoir qu'elle leur ait dans ce cas accordé (1). De-là il arrive

---

de la statistique pour le temps antérieur à la nouvelle législation, j'invoquerai mes propres souvenirs et ceux de tous les Magistrats et Jurisconsultes de l'époque. Alors il était assez fréquent de voir les décisions du Jury prises à sept voix contre cinq infirmées par la majorité de la Cour d'assises. Dans le ressort de la Cour royale de Dijon, plusieurs accusés ont dû la vie à cette salutaire intervention de la Magistrature.

(1) L'article 352 du Code d'instruction criminelle accorde, il est vrai, à la Cour d'assises le droit de prononcer encore un sursis en cas de condamnation,

que, par la plus choquante de toutes les anomalies et la confusion de tous les principes, *le silence* de la Cour d'assises équivant à une condamnation définitive, et sa protestation n'a d'autre effet

---

lorsque tous les Juges sont convaincus de l'erreur du Jury et quand déjà la majorité absolue s'est formée contre l'accusé; mais remarquons que ce n'est ici qu'une garantie de faveur et subsidiaire, tandis qu'elle est principale et de nécessité pour le cas de condamnation à la simple majorité. En Angleterre l'intervention du Juge est bien autrement importante dans les décisions du Jury : en cas d'acquittement il peut exercer une haute censure sur le verdict en engageant les Jurés à le changer après leur avoir fait un nouvel exposé de l'affaire, et alors une délibération nouvelle devient nécessaire et reste définitive. En cas de condamnation il a le même droit; mais si le Jury persiste, le Juge peut suspendre l'exécution de la sentence, et lors de son retour à Londres, il rend compte de l'affaire aux douze Juges d'Angleterre réunis. Si ceux-ci pensent, sur la communication qui leur est faite des notes de l'audience, que le verdict est contraire à l'évidence, ils en font rapport au Roi qui accorde grâce pleine et entière au condamné. Notre législation, en autorisant le renvoi à un autre Jury dans ce dernier cas, est bien préférable à cause de la maxime : *la grâce entache*, qui, comme nous le verrons bientôt, est, dans nos mœurs, de droit public.

qu'un ajournement ; c'est-à-dire que le législateur accorde à la simple règle, *qui tacet consentire videtur,* la force d'une décision judiciaire contre l'accusé et qu'il dénie à une délibération réfléchie la conséquence de rien juger en sa faveur.

Voilà donc les intérêts les plus sacrés de l'homme immolés à la puissance d'une présomption légale de condamnation, et c'est ainsi qu'on a prétendu protéger et fortifier la règle des simples majorités de jugement. Au lieu de solliciter, dans cette infirmité du nombre, la coopération avouée du Juge, on l'introduit mystérieusement et par de souterrains détours dans la décision du Jury ; on veut qu'il ait eu l'air de s'en occuper, plutôt qu'il ne s'en soit occupé réellement, et on viole ainsi par des subterfuges et des faux-fuyants en pure perte pour la justice, le principe de la séparation des pouvoirs.

Or, j'ose le dire, dans un pareil procédé de la législation, il n'existe plus qu'un vain fantôme de garanties judiciaires et un appareil illusoire de protection.

Au lieu de ces actes clandestins et équivoques qui n'inspirent ni respect ni confiance, ne vaut-il pas mieux renier les abstractions, en revenir franchement à ce qui est juste et vrai, utile et généreux, et si l'intervention de la Magistrature est nécessaire en pareil cas, comme je le pense dans toute l'énergie de ma conviction, lui demander non pas un vain contrôle de surveillance, mais des arrêts qui seront la manifestation avouée de son concours?

Sous l'empire de l'ancienne législation, il a pu arriver sans doute que, par l'expression d'une simple majorité fictive et d'un calcul affecté, le jury ait, pour soulager sa faiblesse ou ses irrésolutions, fait intervenir la Magistrature dans l'examen des affaires et abdiqué de la sorte ses attributions personnelles : c'était là sans doute un grave événement (1); mais le retour en serait-il possible aujourd'hui que le vote forcément secret du Jury garantit la sincérité de ses déclarations et rend impraticable toute combinaison de cette nature qui fausserait l'institution dans son principe?

Tous ces abus que j'ai signalés plus haut, qui tiennent au fond des choses et à l'essence même de la justice, présentent aussi dans leurs formes des inconvénients non moins sensibles : les aver-

---

(1) En Angleterre le Jury pousse très-loin sa déférence pour le Juge; il le consulte même dans les cas embarrassants, et il arrive souvent qu'il s'en rapporte à lui pour la *qualification* du fait qui est cependant encore de son domaine. C'est ce qu'on nomme alors *verdict spécial*.

tissements que le Président des assises doit donner pour assurer l'exécution des règles sur les majorités, sont de nature à embarrasser les intelligences les plus exercées, et ce n'est guère qu'après plusieurs jours de session que les jurés commencent à s'y conformer exactement ; de là la nécessité de les renvoyer si fréquemment dans la chambre de leurs délibérations pour régulariser leurs votes.

Retenez en effet, 1° que la majorité ne peut se former contre l'accusé que par la réunion de sept voix au moins ; 2° qu'en cas de condamnation il est interdit, à peine de nullité, de mentionner le nombre de voix, mais qu'on doit seulement exprimer l'existence de la majorité ; 3° qu'il en est autrement quand cette majorité de condamnation est simple sur les *questions principales*, et qu'il faut alors en faire une mention expresse; 4° que la question *non posée* des circonstances atténuantes doit néanmoins être résolue en cas de condamnation *pour crime ;* 5° que la majorité des voix toujours nécessaire pour opérer contre l'accusé est exigée cette fois pour faire admettre ces circonstances en sa faveur; 6° qu'une fois accueillies, il faut les exprimer par un vote formulé à la majorité ; que rejetées au contraire, il n'est besoin d'en faire aucune mention ; puis ajoutez la complication des questions d'excuse où, à l'inverse des cas généraux, la réponse favorable à l'accusé se manifeste par un *oui*, et la solution contraire par une négation et où il faut approprier à ces cas d'exception les règles ordinaires sur la majorité légale, etc.

Dans ce dédale d'avertissements légaux, de locutions étranges et de combinaisons incohérentes, les préoccupations de la forme ne détournent-elles pas ici, au détriment des véritables intérêts de la justice, cette intelligence du Jury qui devrait être uniquement appliquée à la solution réfléchie des affaires? Lorsque la conscience de l'homme est seule interrogée et qu'il est tout entier recueilli dans sa raison, pourquoi embarrasser encore son esprit dans des formules inextricables et l'exposer ainsi aux plus funestes méprises! La simplicité dans les règles, qui est la première condition des bonnes lois, est surtout ici nécessaire dans cette procédure des votes qui doit être accessible à toutes les lumières. Dans une matière aussi importante, il faut dégager le fond des choses de l'embarras des formes extérieures et proscrire sans hésitation cet appareil insolite de règles hypothétiques qui assujettissent péniblement les facultés de l'homme au grand dommage de sa justice; formalités tyranniques qui ne présentent de garantie, comme je l'ai déjà démontré, ni pour les individus, ni pour la société.

Tel n'était point, avant la réforme, l'état de notre législation criminelle ; alors la loi était claire dans son langage, simple dans ses formes et naturelle dans ses prescriptions. Mais dans l'état présent des choses, il n'en est plus ainsi, et les inconvénients que je viens de signaler en sont venus à ce point, que j'ai vu des hommes d'affaires habiles se faire expliquer plusieurs fois cette mnémothecnie des formes légales et hésiter encore dans leur application.

De tout ce qui précède, je conclus déjà que dans l'état de crise qui menace l'administration de la justice criminelle en France, il y a nécessité de décréter d'urgence et par les voies parlementaires, 1° l'exercice du droit d'atténuation retiré des mains du Jury et transféré à la Magistrature sous certaines conditions et garanties ; 2° le rétablissement du nombre de cinq juges dans la formation des Cours d'assises ; 3° enfin l'intervention de ces Cours dans toutes les décisions du Jury prises contre l'accusé à la simple majorité. J'indiquerai bientôt d'autres réformes non moins importantes.

Mais l'on s'abuserait étrangement si l'on croyait que la situation de la statistique criminelle procède uniquement des causes que je viens de signaler. Dieu veuille qu'il en soit ainsi ; il n'est pas difficile de refaire la législation ; mais autre chose est de former l'opinion et de fonder l'esprit public sans l'appui desquels le mécanisme des lois pénales n'est qu'un contre-sens. Dans un pays surtout, où le jugement des crimes est l'attribut d'une classe de citoyens, il faut de toute nécessité que l'opinion commune de cette classe s'accommode aux exigences des lois, s'imprègne de leur économie et qu'elle ne soit pas faussée par l'esprit de système et d'innovation ; car s'il en est ainsi, elle se roidira sans cesse contre ses propres devoirs, et l'accord étant rompu entre ceux qui font les lois et ceux qui les appliquent, l'administration de la justice criminelle sera continuellement entravée. La réaction de ces deux pouvoirs, l'un sur l'autre, semblerait donc exiger que les hommes du jugement fussent généralement les hommes de l'élection ; par cette double collaboration des mêmes individus tout à la fois organes de la justice et premiers agents de l'élection politique, les lois et leur application procéderaient d'un centre commun qui imprimerait une force nouvelle à l'esprit public et à l'opinion.

La formation du Jury, sa constitution, ses règles d'organisation sont donc la matière première de toute réforme criminelle. Point de Jury possible sans esprit public ; c'est à le fonder et à le développer sans cesse que doivent tendre tous les ressorts de la législation. Il faut que la puissance des lois, le respect qui leur est dû, la force d'exécution qu'elles comportent soient empreints dans les mœurs, de manière à former dans le sein de la nation un grand corps de Magistrature qui satisfasse dignement à toutes les nécessités de la justice.

C'est ce qui fait chez nos voisins la force de l'institution du Jury. En Angleterre chacun se fait honneur de remplir ces importantes fonctions, et tel est l'esprit que l'on apporte dans l'exercice de tous les devoirs publics, qu'il n'est personne qui ose s'en dispenser, sous peine de perdre sa considération et son influence dans le Comté ; le Shérif convoque même par pure courtoisie jusqu'à cent Jurés, au lieu d'un nombre bien moins grand qui est nécessaire et, parmi ces derniers, ceux qui se trouvent empêchés en sont crus sur leur serment motivé devant un officier public. Un peuple qui porte à ce point l'amour propre du devoir et le respect pour sa parole est assurément digne de la liberté ; le Jury fait la promesse de juger suivant l'évidence, et il la tient avec une candeur et une fermeté remarquables ; nulle part la religion du serment n'est plus respectée (1).

En est-il de même en France aujourd'hui dans

---

(1) Comment comprendre qu'un peuple aussi jaloux de ses droits conserve encore dans ses lois, sinon dans ses usages, des traces sanglantes de la barbarie du moyen âge. Les publicistes de cette nation se sont indignés de la coutume qui a si longtemps en France maintenu l'emploi de la torture ; ils oublient, ces fiers puritains de la liberté, que leurs lois qui punissent du supplice de la pénance (*pénitence*) l'accusé qui s'obstine à garder le silence, sont mille fois plus cruelles. Laisser le prévenu dans une chambre basse, couché par terre sur le dos, le corps chargé d'un poids de fer qu'il n'est pas capable de porter, sans autre subsistance que du mauvais pain le premier jour, trois verres d'eau corrompue le second, et alternativement jusqu'à ce qu'il expire ; n'est-ce pas là une véritable procédure de l'Inquisition ?

Le respect pour les personnes n'est pas mieux observé dans leurs lois militaires ; c'est par le fouet qu'ils punissent les moindres infractions à la discipline. Enfin l'usage de mettre sa femme en vente la corde au cou n'est pas encore abrogé dans ce pays. Quelles choquantes contradictions, et qu'eussent dit les Romains de pareils outrages faits à la dignité de l'homme ! *Fascinus est, vinciri civem romanum; sce-*

l'accomplissement de ces devoirs publics? J'invoque ici tous les témoignages. Inquiets et jaloux des libertés que nous n'avons pas, peu soucieux de celles que nous possédons, notre esprit ardent et mobile s'impressionne bien moins des bienfaits du présent qu'il ne se préoccupe des témérités de l'avenir. Dans le Jury, parfois de la résistance et du mauvais vouloir, rarement un patriotique empressement, presque toujours de l'indifférence, ou, si l'on veut, des excuses soumises avec légèreté, des récusations convoitées avec envie, et des doléances exprimées avec amertume; des hommes enfin plutôt corvéables d'une charge incommode que jaloux d'une liberté comprise! Mais à la différence de nos voisins chez les-

---

lus, verberari; parricidium, necari! (Cicero, in Verrem.)

Enfin l'usage de la confiscation des biens, qui devrait être effacé du Code de toutes les nations policées, existe encore dans les lois anglaises. Ce peuple qui possède plus de libertés nominales que de réelles pousse jusqu'au fanatisme son respect pour les vieilles coutumes.

En France le sentiment inverse est porté jusqu'à l'exagération; le respect pour les anciennes lois va toujours en s'affaiblissant, et la manie d'en faire de nouvelles est sans mesure.

quels l'institution du Jury se perd dans la nuit la plus reculée, elle ne date chez nous que d'un demi-siècle (1), et le principe seul que nous avons emprunté a été maintes fois revêtu de formes et de modifications nouvelles au gré des passions du jour et des vicissitudes des Gouvernements : or les meilleures institutions ne s'improvisent pas, elles pénètrent lentement dans les mœurs et ne s'y incorporent que par la succession des temps et surtout par la volonté soutenue des Gouvernements et des peuples. Les éléments du Jury variables eux-mêmes comme ceux de la politique se sont aussi successivement agrandis, restreints ou modifiés suivant les ombrages du pouvoir ou peut-être ses justes défiances, et au milieu de tous ces essais incompatibles avec la fixité de l'opinion, l'esprit judiciaire s'est amorti pour faire place à *l'individualisme* qui est, à vrai dire, la principale garantie de la justice criminelle.

De nos jours le Jury sera plus ou moins ferme,

---

(1) On a prétendu que l'institution du Jury avait aussi une origine française. Pendant le moyen âge, dit-on, l'homme de condition libre était jugé par le Seigneur assisté de Prud'hommes ; or ces Prud'hommes étaient les Jurés du temps. Plus tard la royauté voulant s'affranchir des entraves du régime féodal, s'attribua l'exercice de ce droit.

suivant que le genre de l'accusation fera réaction sur ses intérêts privés, c'est-à-dire que l'impunité menacera sa personne ou mettra sa fortune en péril; mais il sera toujours plus ou moins faible, selon que ces agents de l'égoïsme personnel viendront à s'effacer devant l'intérêt, pour lui, toujours vague et mystérieux de l'ordre public : toutes les questions seront ainsi rapetissées dans le cercle étroit de la personne et de la famille, au lieu d'être mesurées aux larges proportions de l'intérêt général. Faut-il donc s'étonner que son concours ait fait si souvent défaut dans la répression des crimes et délits de l'ordre public, et qu'il en soit généralement ainsi de toutes les accusations où le principe de l'autorité domine essentiellement la matière de l'infraction ? En Angleterre où le respect de la Constitution est une des premières bases de l'éducation nationale, les choses ne se passent point de la sorte; là le citoyen s'efface devant le Juge, la pensée politique devant la raison d'État, et les passions de l'homme devant la dignité du Magistrat : voilà l'esprit public.

A ces causes générales de décadence, il faut en joindre d'autres que j'ai déjà signalées et qui, en faisant invasion dans les idées depuis la dernière révolution, ont fait à l'ordre une plaie vive et profonde ; je veux parler de ce droit que se sont arrogé certains novateurs de substituer, par une sorte de protestantisme politique, la raison individuelle à la législation qui est la raison de tous, espèce de libre arbitre par lequel chacun se place au-dessus des lois pour les soumettre aux faibles lueurs de son jugement et au contrôle de sa propre sagesse ; tribunal d'exception où les lois pénales sont avant tout discutées suivant les préjugés de l'ignorance ou les écarts d'une trompeuse philosophie. Pour les adeptes de cette nouvelle école, ils acquitteront l'accusé en haine seule de la loi, sans examen, et par pure antipathie contre la peine. Simples Jurés, ils se constitueront en Parlement et feront tour-à-tour le procès à l'homme et la guerre à la législation ; bien malheureux le coupable s'il ne triomphe pas au moins de l'une de ces deux épreuves !

Ces divers symptômes de mal procèdent des événements politiques et de la mobilité des lois fondamentales, plutôt qu'ils ne sont dans le caractère de la nation. J'ai vu fonctionner de près l'institution du Jury ; j'ai assisté à plusieurs de ses transformations, et j'affirme qu'au milieu des éléments variables dont elle se compose, il existe là généralement un sens droit, un tact sûr, des vues généreuses et le sentiment vrai de la justice. C'est à l'Administration qu'il appartient de rechercher avec soin dans la formation des listes l'élite de ces bons citoyens et de préparer ainsi les voies de la plus importante amélioration. L'article 7 de la loi du 2 mai 1827, en chargeant les préfets *sous leur responsabilité* d'extraire chaque année *des listes générales une liste* pour le service du Jury de l'année suivante, leur a confié un des pouvoirs les plus importants de la société : « L'institution du Jury, a dit M. Faure, sera » bonne ou mauvaise, suivant que les Jurés se» ront bien ou mal choisis. » *In eis autem erant omnia*, disait déjà Cicéron des Juges de Clodius désignés par le sort (*à Atticus*).

Ce choix, fait dans la proportion du *quart des listes générales*, et sans que les mêmes noms puissent être portés deux ans de suite sur la même liste, rend le retour des Commissions impossible et concilie merveilleusement le respect dû à l'institution du Jury avec les garanties que la société exige de l'homme qui rend la justice au nom du pays. C'est à l'Administration supérieure à bien comprendre ce qu'a de sacré pour elle une semblable mission ; on ne saurait trop lui rappeler que tel a été le but et la volonté formelle de cette loi (1). Les conditions de l'âge,

---

(1) Adrien Duport à qui l'on doit principalement l'établissement du Jury créé par la loi du 29 novembre 1792, disait : « Nous avons pensé que faire

du titre, du cens ne forment qu'une présomption légale de capacité ; la garantie réelle est dans les principes, les lumières et le caractère. C'est à choisir des hommes de ce genre que tous les soins du pouvoir doivent être appliqués ; c'est à écarter sans cesse des hommes de moralité suspecte, d'intelligence nulle, de faiblesse avouée, et ceux encore à esprit faux ou systématique, que devront tendre ses efforts. Dans ce grand œuvre de discernement le Préfet appellera le concours de toutes les autorités et le contrôle de toutes les garanties; mais surtout il statuera *lui-même*, sous sa responsabilité personnelle, comme le veut la loi, et il n'abandonnera pas à des agents subalternes l'accomplissement d'un devoir dont la négligence peut être considérée comme une espèce de forfaiture (1).

» deux listes dont l'une au choix d'un officier public » et l'autre composée par le sort, était le meilleur » moyen... Mais il faut un choix, une espèce de » *récusation préliminaire*, exercée par cet officier » public, qui garantisse que le citoyen appelé a *les* » *qualités nécessaires. Il est en effet des conditions* » *indispensables et sur lesquelles on ne peut transi-* » *ger : un homme suspect ne saurait être Juré.* »

(1) La loi du 2 pluviose an 9 portait : « que les » Juges de paix prévenus de négligence dans la dé-

Sous l'ancien Code d'instruction criminelle, les Préfets formaient déjà sous leur responsabilité, pour le service de chaque session d'assises, une liste de soixante citoyens que le président réduisait à trente-six. Ce mode de procéder avait été emprunté à la législation anglaise où le shérif est chargé du soin de composer le grand et le petit jury d'après une liste générale dans laquelle sont compris tous les citoyens qui réunissent au moins le cens de dix livres sterlings de revenu en terre, ce qui porte à deux cent mille le nombre des jurés pour la seule Angleterre. Mais ce shérif, le premier officier de la province après le lord lieutenant du Comté, est un magistrat en quelque sorte populaire, dont les fonctions ne durent qu'une année, tandis que nos préfets, choisis par le Gouvernement, sont ses premiers agents et ses principaux organes. La différence était donc grande et capitale. La loi du 2 mai 1827, en prescrivant le choix du quart sur la liste générale et le tirage au sort de trente-six noms sur ce quart ainsi réduit, est entrée dans une voie bien plus libérale que la coutume anglaise, puisqu'après tout le shérif peut, dans la

» signation des Jurés dont ils devaient envoyer la
» liste à l'Administration seraient poursuivis comme
» coupables de forfaiture. »

rectriction de ses choix, se déterminer par un motif de condescendance envers le pouvoir, chose impossible en France d'après le mode large et presque universel fondé par la législation.

Mais quelles que soient les garanties personnelles de nos administrateurs, le zèle et l'application qu'ils apportent dans la formation des listes, je me suis toujours étonné de leur intervention dans une opération que j'appellerai *toute judiciaire*, et je dirai avec Mrs Berlier et Cambacérès : *Pourquoi faire entrer l'Administration dans la Justice* (1)? Le premier Magistrat de chaque Cour

---

(1) Les Jurisconsultes du Conseil d'état dont je viens de citer les noms, proposèrent de confier la formation des listes du Jury aux Présidents des Cours criminelles actuellement remplacées par les Cours d'assises. Cette mesure serait impraticable aujourd'hui que les Présidents d'assises sont nommés par trimestre; d'ailleurs le Premier Président de chaque Cour royale offrirait une bien plus haute garantie de position et de responsabilité, puisque dans ma pensée il prononcerait *seul,* en conseil d'administration. Le Code d'instruction criminelle de 1808 avait adopté sur ce point un terme moyen en donnant aux Présidents d'assises le droit d'exclure 24 noms sur les soixante désignés par le Préfet; mais cela serait impossible encore dans l'état de la législation sur les listes et le tirage au sort des 36 Jurés de service.

royale, placé à la tête de la justice du ressort, ne mettrait-il pas dans la confection de ces listes générales débattues et préparées par les soins des Magistrats inférieurs et dans le sein d'une Commission composée des Présidents d'assises et du Procureur général, un zèle et un intérêt qu'il ne faut jamais attendre du mécanisme glacé des bureaux? « Si ces fonctions, a dit avec raison » M. de Massa, ont été confiées dans le principe » à l'Administration, c'est parce que l'Assemblée » constituante saisissait toutes les occasions d'a- » baisser l'autorité judiciaire. » J'appelle donc de tous mes vœux le jour d'une réforme aussi désirable où la Justice imprimerait directement à ses élus le sceau de son propre caractère et rentrerait en possession d'un droit qui dérive pour elle de la nature même des choses.

Ces considérations sur la formation des listes de service, base fondamentale de l'institution du Jury, amènent naturellement à l'examen du droit de récusation qui en forme le corrolaire indispensable. Moins il y aura d'arbitraire dans la formation du Jury, moins le droit de récusation aura d'importance et de nécessité, et plus il faudra le circonscrire dans de justes limites, à peine d'altérer sans mesure les sources de la Justice.

L'action d'exclure péremptoirement un certain

nombre de jurés constitue, comme je le démontrerai bientôt, une atteinte indirecte à la considération des personnes et doit être modifiée suivant que les choix procèdent du sort ou de la volonté de l'homme.

Tant que l'Administration a été chargée du soin de former les listes du Jury pour les besoins de chaque session d'assises, les franchises de la récusation en faveur de l'accusé ont dû être, comme contre-poids de l'arbitraire, fondées sur la plus grande latitude. Telle a été dans ce sens relatif la sagesse du principe admis par le Code d'instruction criminelle de 1808 : moins les douze jurés nécessaires à la formation du tableau, tous les autres pouvaient être récusés dans une égale proportion par le ministère public et par l'accusé, sans que ni l'un ni l'autre fissent jamais connaître les motifs de ces récusations : règle empruntée d'ailleurs à la législation romaine et qu'Asconius retrace en ces termes : *Post urnam permittebatur accusatori et reo, ut ex illo numero rejicerent quos putarent sibi aut iniquos aut ex aliâ re incommodos fore.* Les récusations se faisaient sans motifs : *Sors et urna fisco judicem assignat; licet rejicere, licet exclamare : hunc nolo* (Pline).

Cette immense prérogative, moins commune en pratique à l'accusation qu'à la défense, a toujours été considérée par celle-ci comme le palladium de ses droits, et plusieurs fois dans les causes politiques les prévenus se sont réfugiés dans ce principe en décimant les noms suspects que les défiances du pouvoir avaient accumulés contre eux.

Mais en détruisant la règle de la composition arbitraire des listes pour y substituer celle de l'élection par le tirage, la législation devait-elle, comme elle l'a fait, respecter les facultés indéfinies de la récusation ? Fallait-il, lorsque le danger des Commissions n'existait plus et que le pouvoir était désormais privé de son intervention directe dans les choix, soumettre encore ceux du sort aux caprices d'un contrôle exagéré ? C'est ce que je ne puis comprendre. En dénaturant le premier de ces droits, sans modifier le second, la loi a rompu de fait l'équilibre des garanties judiciaires, méconnu la réaction naturelle d'un principe sur l'autre et favorisé des abus que je ferai bientôt connaître.

Je dis d'abord que le droit de récusation est une règle de nécessité qui doit être appropriée aux besoins de la défense personnelle, et *quatenus juris ratio patitur,* et j'en puise la preuve dans toutes les législations qui ont régi la matière.

En Angleterre, sauf les cas de haute et de petite trahison, de meurtre et de félonie, où les récusations péremptoires sont admises *in favorem vitae*, nul accusé n'a droit d'exercer de récusations qu'en les motivant sur les exceptions admises par le statut, et ces récusations sont jugées, suivant les hypothèses, par deux triers choisis par la Cour parmi les coroners présents à l'audience, ou par deux jurés. La plus importante de ces exclusions légales se rattache à l'influence que tel ou tel fait peut avoir eu sur la formation de la liste primitive par le Shérif, laquelle peut être annulée pour ce motif *in universum* (1); mais il ne paraît pas que la récusation existe pour le grand Jury ou Jury d'accusation. Dans les Etats-Unis, sauf les cas emportant peine capitale ou condamnation perpétuelle, la récusation péremptoire n'est point admise; il faut qu'elle soit motivée, de la part du prévenu, ou de celle de l'Attorney général. Mais en Angleterre, l'Attorney général de la Couronne n'assiste comme partie nécessaire que dans les causes

(1) Les récusations individuelles ont lieu *propter honoris respectum*, si le Juré est d'un rang supérieur à celui de l'accusé; *propter delictum*, s'il a subi une condamnation antérieure; *propter defectum*, s'il ne paie pas le cens ou s'il ne jouit pas de ses droits civiques; enfin *propter affectum*, s'il est l'ami de l'accusateur ou l'ennemi du prévenu. Ce dernier, s'il est étranger, est jugé par un Jury *mixte*.

de haute trahison, et il n'est pas même dans ce cas admis à exercer de récusation.

En France ce droit a subi plusieurs transformations, suivant les changements divers de la législation. La loi du 29 septembre 1791 n'admit d'abord, en faveur des accusés, qu'un certain nombre de récusations péremptoires et jusqu'à concurrence d'un dixième environ de la liste générale qui était composée de deux cents noms; au-delà de cette quotité, elle institua le Tribunal criminel juge de ces récusations.

Le Code du 3 brumaire an 4 confirma ces dispositions dans leur entier.

Il résultait de ces deux lois, qui ont formé le droit commun de la France pendant une période de dix-sept années, que « le premier de chaque » mois, le Président du tribunal criminel, en » présence de deux officiers municipaux, qui » promettaient de garder le secret, présentait à » l'accusateur public la liste qui lui avait été » adressée par le Commissaire du pouvoir exécu- » tif près de l'Administration du département. » L'accusateur public avait la faculté d'en ex- » clure un sur dix, sans donner de motifs. Le » reste des noms était mis dans un vase pour être » tiré au sort et former le tableau tant des douze » Jurés que des trois adjoints. Le tableau des » Jurés de jugement, ainsi formé, était présenté

» à l'accusé, qui pouvait, dans les 24 heures, et
» sans donner de motifs, récuser ceux qui le
» composaient : les Jurés récusés étaient rem-
» placés par le sort ; quand l'accusé avait exercé
» vingt récusations, celles qu'il présentait ensuite
» devaient être fondées sur des causes dont le
» tribunal jugeait la validité. S'il y avait plu-
» sieurs accusés, ils pouvaient se concerter en-
» semble, etc. »

Tels étaient les termes des articles 503, 504, 505 et 506 du Code de brumaire an 4.

Nous avons déjà rappelé les dispositions du Code d'instruction criminelle de 1808 qui ont introduit sur ce point un droit nouveau par l'effet duquel les récusations péremptoires doivent s'exercer au fur et à mesure du tirage au sort et peuvent l'être dans la proportion des deux tiers des membres du Jury de la part de l'accusation et de la défense ; l'autre tiers demeurant réservé pour le jugement et sans qu'en aucun cas la Cour d'assises ait jamais à examiner le mérite des exclusions prononcées.

Entre ces deux modes de procéder la différence était profonde : qu'était-ce en effet, sous l'ancienne législation, qu'un droit de récusation conféré à l'accusé dans la proportion d'un dixième sur un immense tableau de noms encore ignorés, de personnes inconnues, de caractères incertains et nullement éprouvés, sur une liste faite et à lui notifiée quinze jours avant le jugement et hors la présence de son conseil ? peu de chose assurément en comparaison de ce qui lui a été concédé depuis avec tant de prodigalité ; mais bien assez sans doute, si l'on considère que le principe de la généralité des listes pourvoyait suffisamment alors aux besoins de la garantie individuelle.

Lorsqu'ensuite on a soumis ces listes à des restrictions considérables, l'arbitraire dans le choix a dû trouver des compensations dans l'extrême latitude du droit de récusation en faveur de l'accusé. Cette conséquence était logique et nécessaire ; la raison et l'humanité l'exigeaient ainsi, et peut-être la justice eût-elle aussi voulu que le pouvoir qui s'arrogeait le droit de composer discrétionnairement des listes spéciales et limitées, ne fût plus admis à les contrôler encore par l'exercice des récusations accordées au ministère public dans la même mesure qu'à la défense !

Mais il est arrivé qu'on a rétabli tout-à-coup le principe des listes générales en portant même ces listes de *deux cents* noms qu'elles comportaient jadis, à *trois cents*, avec la garantie égale du tirage au sort pour la formation des trente-six Jurés de service, et que, malgré la nouvelle extension donnée à l'ancienne règle, on a maintenu dans toute son étendue le droit de récusation institué comme contre-poids d'un état de choses anéanti ; d'où il résulte que l'accusé que le droit intermédiaire avait protégé contre l'arbitraire des listes par la concession d'un privilège énorme, conserve encore aujourd'hui ce même privilège à l'encontre des institutions les plus libérales. L'inadvertance est grave, et nous allons voir les effets déplorables qui en résultent dans la pratique des affaires, malgré la réciprocité du droit en faveur du Ministère public, réciprocité qui n'a jamais été, en dépit de toutes espérances contraires, qu'un vain mot sans utilité réelle et presque sans application.

Malgré tous les soins de l'Administration dans la formation des listes, la nécessité d'une élection nombreuse y donnera toujours accès à une foule de citoyens sans expérience des hommes et des choses de la justice, à vues droites, mais à esprit facile, incapables de résister aux artifices d'une parole exercée, et qui auront besoin d'être soutenus dans l'œuvre du bien que, dans leur isolement, ils ne pourraient souvent pas accomplir. Cette classe de personnes sera presque toujours dominante dans la formation du service, et la nature des choses, plus forte que les caprices et les accidents du sort, fera le plus souvent que les lumières, la pénétration et le caractère seront du côté du plus petit nombre.

Dans cette habituelle inégalité des intelligences et des volontés, et si les choses restaient entières, la coopération commune de toutes les facultés diverses associées dans un même but et se prêtant un appui mutuel produirait les plus heureux fruits : c'est à détruire ce puissant équilibre que tendra sans cesse l'exercice du droit de récusation; ce sont ces hommes privilégiés d'intelligence et de fermeté dont la défense (1) repoussera habituellement le concours et que des exclusions permanentes mettront, du commencement à la fin de chaque session, en banc de suspicion et d'isolement. Dès que leur influence personnelle se sera révélée ou qu'ils auront résisté une seule fois avec une courageuse conscience aux actes de faiblesse ou de condescendance qu'on sollicitait d'eux, leurs noms désormais proscrits et mis à l'index passeront de cause en cause et deviendront une formule banale de récusation.

---

(1) L'article 399 du Code d'instruction criminelle réformé autorise, comme on sait, le conseil de l'accusé à exercer des récusations en son nom. Sous l'empire de l'ancien Code d'instruction criminelle, il n'en était pas ainsi, et la Cour de cassation avait même jugé que ce droit était une faculté tellement personnelle aux accusés que leurs défenseurs n'avaient pas le droit de les assister au tirage du Jury. (*Arrêts du 4 juin 1812 et du 1er décembre 1820.*)

Il arrivera de là que, sur un nombre de trente-six citoyens sortis au hasard de la liste générale et au milieu des éléments variables dont cette liste est formée, *un tiers* composé des hommes les plus fermes et des esprits les plus éclairés se trouvera exclu perpétuellement de l'honneur de prendre part aux travaux de la justice auxquels la loi les aura solennellement conviés : témoins muets et instruments inutiles, on vengera sur leur amour propre les rancunes qu'aura suscitées leur indépendance ; et non-seulement ils devront dévorer en silence les atteintes de ces répulsions journalières, mais encore, sous peine d'une forte amende, répondre à tous les appels, faire nombre dans tous les tirages et assister inactifs à toute la durée de la session.

Une situation aussi pénible pour les personnes, qu'elle est grave et sérieuse pour les choses, frappera tous les esprits ; chaque jour nous en sommes les témoins, et cette cause est une de celles pour lesquelles la justice des crimes et délits politiques est, en province aujourd'hui, tombée dans une sorte d'interdit.

Mais la justice ordinaire n'en reçoit pas une atteinte moins profonde ; car qu'espérer d'un corps énervé par la séquestration de ses premières intelligences et de ses plus honorables caractères, réduit à sa propre insuffisance et accessible à toutes les faiblesses ? N'est-ce pas livrer ainsi l'ordre public aux jeux périlleux du hasard, favoriser sous la fausse prévoyance des garanties individuelles la mise en œuvre des mauvaises passions et dénaturer l'institution du Jury dans son essence ?

Voilà cependant dans la pratique des choses, je ne crains pas de l'affirmer, à quoi se réduit habituellement l'exercice du droit de récusation du côté de la défense.

Cet abus n'est pas seulement de nos jours, et ainsi en arrivait-il dans l'ancienne Rome. Nous lisons dans une vieille chronique : « De quoy eussent » servi les précepteurs des rhétoriciens..... Que » fust devenue l'éloquence ; *cujus ea vis est*, dit » Cassiodore, *facere de irato benevolum, de sus-* » *pecto placatum, de austero mitem, de adversante* » *propitium ?* On n'eust point tant recherché d'ar- » tifices, il n'eust fallu *que récuser tant et tant de* » *fois, qu'à la fin on fust venu à avoir le Juge qu'on* » *souhaitoit. Le meilleur eust été d'imiter une* » *bonne partie des plaideurs et praticiens de ce temps* » *lesquels pour toute ruse et plus prompt moyen de* » *sauver un brigand ou insigne meurtrier, n'ont que* » *les intimations et récusations des Juges ;* et au lieu » qu'anciennement le devoir, l'honnesteté et ci- » vilité estoient de gaigner leur attention et » bonne grâce, se donnant de garde surtout de

» dire chose qui les offençast tant soit peu, *ils les*
» *irritent, les offensent, les injurient tout exprès pour*
» *se soustraire de leur autorité et jurisdiction.* »

De la part de l'accusation, le Ministère public armé du même droit combattra-t-il par des récusations contraires le pernicieux abus que nous venons de signaler ? Il le devrait sans doute, et pourtant il n'en aura presque jamais le courage ; je comprends sans les approuver ses scrupules et ses hésitations.

En effet, à la différence de l'avocat qui poursuit par tous les moyens légaux l'acquittement de son client et dont le zèle égaré peut trouver une excuse dans le sentiment passionné de sa profession, l'officier de la poursuite ne peut pas oublier qu'il exerce une véritable magistrature, et il répugnera toujours à sa haute position et à son caractère de suivre la défense dans la lice des préférences et des antipathies, pour infliger, par des exclusions péremptoires, une sorte de flétrissure morale à des citoyens estimables, mais dépourvus de lumières ou d'indépendance.

Dans les rares exemples que la pratique offre de ces récusations, j'ai vu des hommes profondément affectés du *veto* dont le Magistrat les avait frappés, rentrer dans leurs foyers avec le sentiment d'une humiliation personnelle; d'autres vivement blessés dans leur amour propre, apporter dans le jugement des autres affaires un sentiment de malveillance qui rendait leur influence souvent pernicieuse.

Il est arrivé de là que de la part du Ministère public, le droit réciproque de récusation considéré comme contre-poids de celui de la défense est tombé en désuétude, et qu'il ne profite plus guère qu'à des faveurs personnelles qui se multiplient pendant les sessions et surtout à la fin ; quelquefois pour satisfaire des intérêts légitimes, mais le plus souvent pour complaire à des sollicitations personnelles au détriment du service et des intérêts de la justice.

Mais, quand le Magistrat du parquet se résoudrait, contre toute attente, à exercer des récusations en nombre égal à celles de la défense, il s'en faudrait encore de beaucoup que l'équilibre des chances judiciaires fût par là rétabli. Les récusations de l'accusé tomberont en effet toujours sur les noms les plus honorables du tableau ; or quel corps de Magistrature, même le mieux composé, pourrait impunément souffrir l'élimination du tiers d'élite de ses membres, sans que ses décisions subissent la plus grave dépréciation !

Pour le Ministère public la réciprocité morale du droit ne sera jamais égale ; car comment choisira-t-il sur une liste de laquelle seront toujours exclus les hommes tarés et dangereux, *pessimos inter mediocres ;* il faudra donc qu'il exerce une police inquisitoriale dans le sein du Jury et jusque dans le secret de ses délibérations ; mais cela serait immoral et impraticable.

Ainsi dans l'exercice rigoureux de ce droit de récusation, nul avantage pour la société, ou plutôt les inconvénients les plus graves et les plus sensibles; pour les accusés au contraire, avantage assuré et chance toujours probable d'impunité.

Les abus de ce droit de récusation existaient déjà, comme je l'ai dit, dans l'ancienne Rome où cependant, ajoute la même chronique : « bien que les Juges fussent personnes privées, » on ne les élisait pas néanmoins par chacun » an du nombre de tous les citoyens, mais (*à* » *l'imitation de Solon*) de l'ordre des Sénateurs, » ou de l'ordre des Chevaliers et parfois des Tré- » soriers et Commissaires des guerres ; pour » monstrer par même moyen combien l'instruc- » tion et le jugement se doivent commettre à » personnes graves, d'honneur, de suffisance » et de biens. » Chaque année six cents Juges étaient choisis dans ces classes privilégiées ; le sort et les récusations formaient le tribunal.

Clodius, l'infame Clodius qui depuis devenu Tribun fit exiler Cicéron, fut accusé d'avoir profané les mystères de la bonne déesse dans la maison de César. Dans la défiance de ces Juges du sort, on voulait le traduire en jugement, suivant des formes particulières, *uti extra ordinem de pollutis sacris judicium fieret;* mais le sénat, sur la proposition d'Hortense, pensa qu'il était si coupable et que l'accusation était si claire, qu'il n'y avait pas grand intérêt qui fussent ses juges et qu'il était impossible qu'il échappât. Qu'arriva-t-il? Il eut des juges ordinaires tels que le sort les donna; la récusation eut lieu : *Lentulus* accusateur *tanquam censor bonus nequissimos rejiciebat;* l'accusé *tanquam clemens lanista, optimum ac frugalissimum quemque secernebat. Finalement,* ajoute la chronique, *il en demeura plus de mauvais que de bons; en ce faisant, il fut absous.* Tel était donc déjà dans ces temps reculés l'abus du droit de récusation et tel il sera toujours, tant qu'il n'aura pas été réglé par la sagesse des lois et approprié aux nécessités réelles de la défense.

La décimation du Jury, ou, en d'autres termes, sa décomposition morale et matérielle par l'effet des récusations de la part de la défense, est un mal grave et profond auquel on ne saurait trop promptement remédier et qui frappera tous les esprits : pour ma part, j'en ai été vivement ému depuis la formation des listes de service par l'effet du sort !

Ce remède, le cherchera-t-on dans la suppression du droit de récusation en lui-même?

non sans doute, et Dieu m'en garde, mais uniquement dans la création de règles nouvelles qui en préviendront l'abus et en garantiront la sincérité.

La loi qui confère à l'homme le pouvoir de rendre la justice au nom du pays ne doit pas, dans la faculté qu'elle accorde d'exclure du jugement le citoyen de son choix, ouvrir un champ sans limite aux passions ou aux préjugés qui, à défaut de motifs sérieux, oseraient s'en prendre au caractère. Tel est l'esprit du droit civil et la pensée qui domine la matière des récusations : celles-ci ne sont jamais admises que pour des causes déterminées par la loi et suivant des formes particulières de procédure.

Ce principe n'est pas aussi étranger qu'on peut le croire à la théorie des récusations en matière criminelle ; nos Cours de justice criminelle ne sont point une arène où l'on doive attenter sans scrupule aux susceptibilités du devoir ou à l'amour propre de la personne : le citoyen que la loi force à quitter ses foyers pour coopérer à l'administration de la justice, ne doit pas être légèrement soumis aux atteintes capricieuses et téméraires de la récusation ; il a droit aux mêmes égards que le juge qui rend habituellement la justice, et, à l'égal de celui-ci, sa personne doit être constamment respectée.

Les récusations péremptoires par l'abus desquelles il est perpétuellement placé en état de suspicion et dans une sorte d'interdit judiciaire, sont contraires à ce but en l'exposant sans cesse à des désagréments personnels. Si les nécessités de la défense l'exigent, il faudra bien, sans hésitation, sacrifier, à ce droit sacré, des considérations de pure convenance; mais j'ai déjà démontré que, dans l'état actuel de la formation des listes de jurés, cette nécessité n'existait plus, et que ce droit, que la coutume anglaise et le statut américain n'ont admis que très-exceptionnellement et que notre législation antérieure avait rendu presque illusoire, n'était plus de nos jours pour le Jury qu'un agent de désorganisation. De là pour les pouvoirs publics le devoir de le modifier dans sa pratique et de n'admettre la récusation que sous la condition expresse qu'elle sera fondée sur des motifs dont la Cour d'assises sera juge et sur lesquels elle statuera, préalablement au tirage du tableau, en chambre du conseil, après avoir entendu l'accusé, son conseil et le ministère public, et seulement en leur présence.

La mesure ainsi réfléchie de ces récusations et ce mode de procéder en tout conforme (moins le huis clos) aux règles des Codes de 1791 et de l'an 4, qui instituaient déjà le Tribunal criminel juge de ces récusations motivées, me paraîtraient concilier parfaitement toutes les garanties et prévenir en même temps le scandale et le désagrément des articulations personnelles. Il arriverait de là que le Jury de jugement, désormais protégé contre ces décimations de la défense qui attendent à la porte du sanctuaire nos plus honorables citoyens, ne serait plus un Jury d'impunité, de coteries ou de mauvaises passions, mais le Jury véritable tel que la loi l'a constitué dans sa prévoyante sagesse, d'abord sous le patronage d'une Administration vigilante, puis suivant les doubles chances de deux tirages successifs.

Par cette importante modification et sans transgresser la loi fondamentale, on aurait peut-être, au moins en partie, résolu un des plus grands problêmes de l'administration dans les temps modernes, je veux parler de l'impuissance de cette justice politique qui devrait protéger et garantir tous les pouvoirs de la société !

Par quelle fatalité faut-il que ce genre de répression généralement appliqué par le Jury de la Capitale, soit frappé, comme je l'ai déjà dit, d'un véritable interdit dans la province? C'est, il n'en faut pas douter, par l'abus des récusations péremptoires, singulièrement favorisé par la connaissance des personnes, de leurs tendances, de leur faiblesse ou de leur caractère; genre d'exploration toujours certain et facile dans les départements, mais impuissant dans le foyer d'une grande population.

Cette cause, je le sais, n'est pas la seule qui entrave le cours de ce genre d'affaires; il en est d'autres qui appartiennent à l'ordre politique et que je ne veux pas approfondir; mais puisque la force des choses me pousse sur ce terrain brûlant, je dirai ce qu'on paraît avoir complètement oublié de nos jours, c'est que depuis l'établissement du Jury en France jusqu'à la révolution de 1830, de toutes les législations de la république, du directoire, du consulat, de l'empire et de la restauration, aucune ne lui a concédé sans exception, ni sans limite, le pouvoir de statuer sur tous les crimes et les délits en général et encore moins sur ceux de l'ordre politique. Loin qu'il en ait été ainsi, plusieurs de ces infractions ont été dans tous les temps et sous toutes les formes de ces gouvernements absolus, tempérés ou populaires, considérées comme des cas privilégiés, réservés à un certain ordre d'intelligence, de lumières et de patriotisme : or en législation comme en toute matière d'économie sociale ou politique, rien de plus grave que l'autorité des traditions : « *Par où est-ce que nous commencerons* » *doncques?* dit un de nos plus anciens auteurs de » pratique criminelle : *sera-ce de monstrer qu'il se*

» *peut faire ou qu'il s'est fait ; mais rien ne nous eut*
» *persuadé de croire qu'il est faisable, que parce que*
» *nous lisons que anciennement il s'est fait ; ce qui a*
» *esté peut bien estre, dit-on en commun proverbe.* »

Ce principe d'administration ainsi naïvement exprimé ne saurait être contredit, et nous allons voir, par nos propres exemples et par ceux de plusieurs peuples anciens et modernes, que, dans aucune matière, l'autorité des précédents ne fut plus forte, plus complète et plus imposante.

Ici se place, en premier ordre, l'origine des Jurys spéciaux, institués par les lois des 29 septembre 1791 et 3 brumaire an IV, qui ont régi la France dans les phases les plus démocratiques de la révolution : « Pour former le Jury
» spécial, disaient les articles 518 et 519 de cette
» dernière loi, le directeur du Jury choisit
» d'abord pour former le Jury d'accusation seize
» citoyens *ayant les qualités et connaissances néces-*
» *saires pour prononcer sainement et avec impartialité*
» *sur le genre du delit.* » Puis ils ajoutent : « La
» liste destinée à former le Jury spécial de juge-
» ment est dressée par le président de l'admi-
» nistration départementale : *il choisit en effet*
» *trente citoyens ayant les qualités et connaissances*
» *ci-dessus désignées.* »

Or les délits spéciaux qualifiés tels par cette loi étaient fort nombreux, et on voyait notamment figurer dans leur catégorie les affaires ayant pour objet *un écrit imprimé.* « Je ne pense pas, disait » M. Merlin sur cette importante matière, » comme bien des gens, que, pour être propre » aux fonctions de Juré, il suffise d'avoir *une* » *intelligence ordinaire et de la probité.* Si l'accusé » paraissait seul aux débats avec les témoins, il » ne faudrait sans doute que du bon sens pour » reconnaître la vérité dans des déclarations et » des réponses faites avec simplicité et dégagées » de tout raisonnement; mais il y paraît presque » toujours assisté d'un ou de plusieurs défen- » seurs, qui, par des interpellations captieuses, » embarrassent ou égarent les témoins, et, par » une discussion subtile, souvent sophistique, » quelquefois éloquente, enveloppent la vérité » de nuages et rendent l'évidence même problé- » matique. Certes, il faut plus que de bonnes » intentions, il faut plus que du bon sens, pour » ne pas se laisser entraîner à ces fausses lueurs, » pour se garantir des écarts de la sensibilité, et » pour se maintenir immuablement dans la ligne » du vrai, au milieu de ces insidieuses impul- » sions données en même temps à l'esprit et au » cœur.

» Mais il est des affaires qui, pour être bien » appréciées, exigent encore plus que l'habitude » du raisonnement, sur lesquelles on ne peut

» avoir des notions exactes que par une certaine
» érudition ou par des connaissances pratiques
» sur les objets auxquels elles se rattachent. La
» loi l'a reconnu, et elle a créé des Jurys spéciaux,
» c'est-à-dire, des Jurys qui doivent être formés
» de citoyens capables de donner une déclara-
» tion juste sur les crimes qui ne se réduisent
» pas à des faits simples et matériels, et dans
» lesquels le caractère des faits se décide ou se
» nuance par un rapprochement avec certaines
» lois d'ordre public. (*Répertoire*, v° *Jury spé-*
» *cial.*) »

Nous lisons aussi dans Montesquieu : « Le
» peuple n'est pas jurisconsulte ; les modifica-
» tions, les tempéraments des arbitres ne sont
» pas pour lui ; il faut lui présenter *un seul objet*
» et *qu'il n'ait qu'à voir* s'il doit condamner,
» absoudre, ou remettre le jugement. »

A Rome, où, comme nous l'avons dit, six cents juges étaient élus chaque année parmi les Sénateurs et les Chevaliers, afin que sur ce nombre le sort et les récusations formassent le tribunal, l'impuissance d'une telle institution était avouée en tant qu'applicable *aux affaires les plus graves*, et *alors* il intervenait un Sénatus-Consulte qui autorisait la nomination d'un questeur extraordinaire et qui permettait *d'exclure le sort et de limiter le nombre des Juges et des récusations*. Cicéron plaidait pour Milon accusé du meurtre de Clodius devant des Juges *choisis* par Pompée, quand il s'écriait : *Itaque delegit è florentissimis ordinibus ipsa lumina.* Au contraire, pourquoi Clodius fut-il acquitté contre l'évidence, si ce n'est, comme le dit encore le même orateur, par le motif que *commissi sunt infirmo judicio; vià ordinarià non ex Senatus-Consulto quaesitum est.*

Le Jury spécial existe en Angleterre lorsque les causes sont trop difficiles, dit Blackstone, pour être soumises aux tenanciers ordinaires, et chaque partie peut sur requête obtenir ce Jury pour toute espèce de jugement. Ces fonctions sont mêmes devenues permanentes et salariées, et de nos jours le nombre des Jurés spéciaux est tellement restreint, qu'on affirmait naguères qu'il n'était que de cent pour le Comté de Lancaster et de cinquante-quatre pour celui de Warsvich.

Enfin le même Jury existe aux États-Unis où il se forme par une transaction arbitrale entre la partie publique et l'accusé.

A l'autorité des publicistes et des traditions se réunit l'expérience pratique des affaires. En effet, un sens droit, une intelligence vulgaire, des vues généreuses, une conscience pure ne sont pas les seules qualités requises de l'homme appelé à rendre la justice au nom de son pays.

Ces qualités suffiront, sans doute, pour le plus grand nombre des causes qui se réduisent à l'appréciation de faits simples et matériels, où le jugement s'exerce sans le secours de lumières supérieures, ni d'une vertu surnaturelle, suivant l'impulsion du cœur et de la raison commune.

Mais il est des affaires d'un ordre élevé et complexe qui, pour être sainement entendues, doivent faire appel à toutes les facultés de l'intelligence, et qui, pour être bien jugées, ont besoin d'élévation dans l'esprit et de fermeté dans le caractère. La garantie de ces dons précieux, la trouverons-nous dans cette confusion nominale des listes générales et dans les accidents du hasard qui fixera plus tard les choix individuels, où le sort de ces accusations exceptionnelles sera livré à la loterie des intelligences et des caractères, *sorte autem et urna mores non discerni* (Cicéron) ? Il n'est pas permis de l'espérer, et, s'il en arrivait ainsi, l'abus des récusations péremptoires aurait bientôt, comme nous l'avons dit, fait raison de cet heureux caprice de la fortune !

Soumettez donc à un Jury vulgaire les crimes contre la chose publique, la personne ou l'autorité du Prince, ou bien ces œuvres périodiques de publicité, agents infatigables d'ébranlement et de désordre, et généralement toutes les causes irritantes de la politique, où la pensée froide du

Juge, sa saine raison, son libre arbitre sont exposés aux plus périlleuses épreuves des influences extérieures. Faites comprendre à ces Juges du hasard que le prévenu coupable de ces infractions au pouvoir établi doit être puni à l'égal des accusés de l'ordre commun qui ne s'attaquent qu'aux intérêts vulgaires ; que sans une répression convenable et mesurée, il n'y a point d'autorité possible, et que, comme juges, ils sont moralement engagés dans la cause par l'honneur et par la foi jurée..... ! Mais le moyen de préserver ces douze Jurés, hommes simples et crédules, des artifices de la parole, des équivoques de la pensée ou de la dextérité du langage ! La crainte seule d'attacher son nom à ce qu'on nomme une persécution politique, ne suffira-t-elle pas pour ébranler les résolutions les plus fermes ; et bien souvent le plus étrange acquittement ne trouvera-t-il pas son excuse dans la propre insuffisance de l'homme qui n'a pas trahi des devoirs qu'il ne savait pas comprendre ?

Ajoutez encore ces répugnances personnelles à frapper d'un verdict de culpabilité, à l'instar des plus vils malfaiteurs, des hommes auxquels on ne peut refuser ni son estime, ni peut-être son amitié, mais qu'un esprit faux, une ambition ardente, des théories impraticables, peut-être même des illusions de bien public ont entraînés dans de coupables entreprises.

Voilà ce que nous avons vu si souvent dans les causes politiques. Considérez ensuite à l'œuvre du jugement ces mêmes Jurés, de lumières inégales, de conception bornée, d'éducation souvent nulle, prononçant sur ces délits de la pensée qui se travestissent sous toutes les formes d'un langage dont ils ignorent les nuances et les délicatesses; décidant ces questions ardues et subtiles du faux, de la banqueroute, de la concussion, du péculat, de la forfaiture, que sais-je, une foule d'autres, véritable dédale de jurisprudence, dont la solution confond souvent les plus habiles interprètes, et que la loi du trois brumaire an quatre avait réservées à des intelligences privilégiées, *causa suspiciendi judicii.* (Tacite.) Dans ces sortes d'accusations et en faisant même abstraction des garanties d'un autre genre, n'est-ce donc rien que celle des lumières, de l'étude et de l'expérience, et croit-on que dans cette situation l'innocence même soit préservée des plus funestes méprises ?

Il appartient aux pouvoirs parlementaires et, avant tout, au Gouvernement, de peser ces considérations dans leur sagesse. Le retour aux jurys spéciaux n'aurait rien de contraire au pacte fondamental. « L'institution des Jurés est conservée,

» dit l'article 65 de la Charte de 1830 ; les chan-
» gements *qu'une plus longue expérience ferait juger*
» *nécessaires* ne peuvènt être effectués que par une
» loi. » D'ailleurs, comme je l'ai déjà dit, ces Jurys spéciaux ont existé sous toutes les Constitutions antérieures, dans les temps les plus démocratiques et sans offenser jamais les susceptibilités nationales.

Mais en serait-il de même aujourd'hui au milieu des ombrages de l'égalité politique ? Et ne verrait-on pas dans cette procédure exceptionnelle la résurrection du double vote électoral qui a porté de si malheureux fruits ? Ce serait là un bien déplorable préjugé, et nous savons déjà ce qu'en pensent les Anglais et les Américains auxquels nous avons emprunté l'institution du Jury. Les peuples les plus libres et les plus jaloux de leurs droits n'ont jamais considéré les lumières comme un privilège attentatoire à la liberté commune, mais comme la plus ferme garantie de la justice. En France tous les esprits calmes et impartiaux comprendront cette nécessité ; malheureusement ce ne sont pas eux qui disposent de l'opinion, et la question ne passerait pas sans une vive et éclatante controverse. Mais cette résistance présumable d'une opposition peut-être intéressée devrait-elle empêcher les pouvoirs publics de poursuivre courageusement par les voies légales une réforme si impérieusement commandée par l'état présent des choses et qui ne peut plus souffrir d'ajournement ?

La solution d'une aussi grave question que je livre à l'étude des hommes d'État et des Jurisconsultes est un des événements nécessaires que nous réserve l'avenir, et sur lequel on ne peut sérieusement s'abuser quand on jette un regard impartial sur l'anéantissement des garanties judiciaires relativement à un certain ordre d'infractions. En attendant, la suppression du droit de récusation péremptoire, tel qu'on l'a prostitué de nos jours à la désorganisation du Jury, réagirait puissamment sur les décisions à venir qui intéressent l'ordre, la sûreté de l'État, la paix publique et la répression des attentats contre les pouvoirs de la société.

Telle est ma conviction profonde et sincère. Dans les habitudes de la vie publique, si j'ai souvent gémi sur la fatalité de la justice politique, j'ai déploré non moins vivement cette polémique ardente et passionnée qui transforme le sanctuaire pacifique des lois en tribune de déclamation et de scandale, où la considération personnelle des Magistrats est en quelque sorte maculée par le contact des partis et l'arrogance des justifications, où l'on voit trop souvent une défense sans mesure, des allusions sans réserve, des débats sans dignité et des décisions sans indépendance ; mais ce que, dans les préjugés de mes fonctions, je n'ai jamais pu comprendre, c'est qu'il existât dans un Etat régulier un ordre d'infractions pour la répression desquelles les lois soient sans autorité, les Magistrats sans pouvoirs et les tribunaux sans justice, et où l'on pût presqu'impunément tout braver à la fois. En administration, comme en politique, le bien est l'excédant des avantages sur les inconvénients ; mais ici, sans compensation aucune, la justice ordinaire est une négation constante de l'ordre établi, et toute la puissance des lois répressives périt énervée sous la main de douze hommes trop souvent ignorants, prévenus ou sans caractère.

La juridiction permanente de la Cour des Pairs atteste assez énergiquement, en effet, qu'il se manifeste dans la justice ordinaire du pays des symptômes alarmants de décomposition et de désordre pour la solution desquels il faut à chaque instant implorer l'appui de ce grand corps de l'Etat. Cet appareil insolite de répression, que nécessite trop souvent l'insuffisance de la justice du Jury, est un grand mal ; le retour au droit commun dans la plupart des accusations politiques serait un véritable bienfait. Par là les agents subalternes de certaines tentatives criminelles seraient jugés sans éclat, suivant la mesure de leur importance; le triste honneur d'être traduit devant la Pairie ne serait plus envié comme un triomphe, et la justice ordinaire en France, affranchie de son alliance *habituelle* avec une institution politique qui la fausse et la dénature (1), aurait repris son principal caractère, en faisant face à toutes les nécessités de l'ordre et de la paix publique.

Peut-être l'institution des Jurys spéciaux résoudrait-elle heureusement ainsi ce grand problème de législation ? En Angleterre où l'une des maximes fondamentales de la Constitution est que chacun a le droit d'être jugé par ses Pairs, *nemo beneficium suum perdat nisi secundum consuetudinem antecessorum nostrorum et per judicium parium suorum*, la Pairie n'est jamais appelée comme Cour de Justice à prêter main-forte au droit commun ; les lois ordinaires ont pourvu à toutes les nécessités et protègent l'ordre contre tous les événements. La Chambre des lords ne se constitue

---

(1) Les hautes lumières et l'indépendance de la Cour des Pairs doivent inspirer sans doute toute sécurité. Mais la possibilité pour elle d'enfreindre impunément les règles, par erreur ou par oubli, sans qu'on puisse faire annuler ses arrêts, porte une atteinte fâcheuse aux garanties judiciaires.

en Cour criminelle que pour le jugement des Pairs accusés de félonie, ou lorsque l'un de ses Membres, de grands Fonctionnaires, des Ministres, des Généraux, des Juges ou autres sont accusés par la Chambre des Communes en vertu de son droit de haute surveillance sur l'administration publique; la Chambre des Pairs se nomme alors *la Cour du Roi en parlement,* et elle est présidée par *un grand Sénéchal* désigné par le Souverain, et qui remplit les fonctions des Juges d'Angleterre dans les Cours d'assises. A *l'exception de ces cas* privilégiés et dont la rareté se fonde sur le respect inviolable que l'on porte à la Constitution, toutes les accusations, *de quelque nature et de quelqu'importance qu'elles soient*, suivent le cours ordinaire de la Justice, et les Pairs eux-mêmes, sauf le cas d'accusation des Communes, peuvent renoncer à leur privilège et se faire renvoyer devant les Jurés du droit commun. Mais là, comme nous l'avons vu, se trouvent des hommes d'élite désignés par le Schérif, sous la sauve-garde de son caractère et la haute responsabilité de ses fonctions.

Tel est le droit commun de l'Angleterre, et tel il est à plus forte raison, moins la Pairie, dans l'État démocratique de l'Union américaine. Tant qu'il n'en sera pas de même en France, c'est-à-dire que le Jury ne pourra pas suffire aux besoins généraux de l'ordre politique, j'ose le dire, nous n'aurons en lui qu'une institution dénaturée, c'est-à-dire dépourvue de cet esprit public qui peut seul fonder son existence et sa nationalité.

Cherchons donc de bonne foi dans une organisation nouvelle, appropriée aux besoins de la société et aux traditions de la matière, à concentrer ses forces, ses lumières et son énergie, afin qu'il satisfasse dignement à la haute mission qu'il a reçue ; or tel est le but que je propose dans la création des Jurés spéciaux.

RÉSUMÉ EN FORME DE PROJET DE LOI

DES RÉFORMES PROPOSÉES SUR LA LÉGISLATION CRIMINELLE.

DE LA COMPOSITION DES COURS D'ASSISES.

ARTICLE 1er. Dans les départements où siège la Cour royale, les assises seront tenues par cinq de ses membres dont l'un sera Président.

Le Procureur Général ou l'un de ses Substituts y rempliront les fonctions du Ministère public.

Le Greffier de la Cour y exercera ses fonctions.

ART. 2. Dans les autres départements la Cour d'assises sera composée, 1° d'un membre de la Cour royale délégué à cet effet et qui sera le

Président des assises; 2° de quatre Juges pris parmi les Présidents et les Juges plus anciens du Tribunal de première instance du lieu de la tenue des assises; 3° d'un Substitut du Procureur général qui portera le titre d'Avocat général du Roi près la Cour d'assises; 4° du Greffier du Tribunal de première instance.

Art. 3. L'Avocat général dont il est parlé dans le précédent article remplacera près la Cour d'assises le Procureur général dans les départements autres que celui où siège la Cour royale, sans préjudice de la faculté que le Procureur général aura toujours de s'y rendre lui-même pour y exercer ses fonctions.

Art. 4. Cet Avocat général résidera dans le chef-lieu du département. Il sera membre du Parquet de la Cour royale; mais il ne pourra y rentrer et être remplacé par un autre Avocat général qu'en vertu d'une ordonnance royale rendue sur le rapport du Ministre de la Justice.

Art. 5. Si les assises se tiennent dans une autre ville que le chef-lieu, il s'y transportera.

Art. 6. L'Avocat général du Roi près la Cour d'assises remplira aussi les fonctions du Ministère public dans le jugement des appels de police correctionnelle.

Art. 7. En cas d'empêchement momentané, il

sera remplacé par le Procureur du Roi du Tribunal de première instance du chef-lieu.

Art. 8. Il surveillera les officiers de police judiciaire du département.

Art. 9. Il rendra compte au Procureur-général une fois par mois et plus souvent, s'il en est requis, de l'état de la justice dans le département, en matière criminelle, de police correctionnelle et de simple police.

DES ATTRIBUTIONS DE LA COUR D'ASSISES.

Art. 10. Dans le cas où l'accusé ne sera déclaré coupable du fait principal qu'à la simple majorité, les Juges délibéreront entre eux sur le même point; et si l'avis de la majorité des Jurés n'est pas adopté par la majorité des Juges, l'avis favorable à l'accusé prévaudra.

Néanmoins, lorsque les circonstances aggravantes seront de nature à entraîner la peine de mort et que le Jury ne les aura admises qu'à la majorité simple, ainsi que le fait principal, la Cour sera tenue de délibérer sur le tout successivement.

Dans le cas où les circonstances aggravantes auraient seules été admises à la simple majorité, la Cour d'assises pourra ne pas appliquer la peine capitale et l'abaisser d'un degré seulement.

A cet effet le Président, en remettant au Jury

les questions posées, lui donnera, à peine de nullité, les avertissements nécessaires pour qu'il ait, le cas échéant, à faire mention de cette simple majorité.

Art. 11. En toute matière criminelle, ainsi qualifiée par l'effet de la décision du Jury, la Cour d'assises pourra, en déclarant les circonstances atténuantes et à la charge de les spécifier dans son arrêt, modifier les peines de la manière suivante.

Si la peine prononcée est la mort, la Cour appliquera la peine des travaux forcés à perpétuité. Néanmoins s'il s'agit de crimes contre la sûreté extérieure ou intérieure de l'Etat, la Cour appliquera la peine de la déportation ; mais dans les cas prévus par les articles 86, paragraphe 2, 96 et 97 du Code pénal, elle appliquera la peine des travaux forcés à perpétuité.

Si la peine est celle des travaux forcés à perpétuité, la Cour appliquera la peine des travaux forcés à temps.

Si la peine est celle de la déportation, la Cour appliquera la peine de la détention.

Si la peine est celle des travaux forcés à temps, la Cour appliquera la peine de la reclusion.

Si la peine est celle de la reclusion, de la détention, du bannissement ou de la dégradation civique, la Cour appliquera les dispositions de l'article 401, sans toutefois pouvoir réduire la durée de l'emprisonnement au-dessous de trois ans.

Dans les cas où le Code prononce le *maximum* d'une peine afflictive, s'il existe des circonstances atténuantes, la Cour appliquera le *minimum* de cette peine seulement.

Art. 12. Sont exceptés de l'admission des circonstances atténuantes les crimes ci-après dénommés : 1° le régicide ; 2° le parricide ou la tentative de ces mêmes crimes ; 3° l'empoisonnement suivi de mort ; 4° l'incendie suivi de mort même accidentelle ; 5° le cas de conviction de deux ou plusieurs crimes capitaux ; 6° le meurtre consommé pour exécuter le vol ou tout fait qualifié crime, ou pour favoriser la fuite ou assurer l'impunité des auteurs ou complices de ces méfaits.

DE LA FORMATION DES LISTES DU JURY DE SERVICE.

Art. 13. Les opérations précédemment confiées aux Préfets des départements pour la formation des listes annuelles du Jury de service, par l'art. 387 du Code d'instruction criminelle, seront faites désormais par les Premiers Présidents des Cours royales ; ces listes comprendront de trois cents à trois cent cinquante noms par année, suivant la population des départements et les besoins présumés du service.

Il n'est rien innové au nombre des Jurés tel qu'il est réglé pour le département de la Seine, par l'article 387 du Code d'instruction criminelle.

Art. 14. A cet effet les Préfets des départements seront tenus d'envoyer aux Premiers Présidents les listes générales formées en exécution de l'art. 382 du même Code, et ce, dans la quinzaine au plus tard de leur clôture définitive.

Art. 15. Les Premiers Présidents procéderont à la formation de ces listes dans un Conseil d'administration qui sera composé des Conseillers de la Cour royale qui dans les douze mois précédents auront présidé les Cours d'assises du ressort, et après avoir entendu le Procureur général.

Ces magistrats n'auront que voix consultative dans le Conseil.

DE LA RÉCUSATION DES JURÉS.

Art. 16. En toute matière soumise à la décision du Jury la récusation péremptoire est abrogée.

Le Ministère public ou l'accusé qui voudront exercer des récusations seront tenus de les présenter à la Cour d'assises, en chambre du Conseil, avant le tirage au sort du Jury, et d'en exposer les motifs. La Cour statuera après avoir entendu l'accusé, son conseil et le Ministère public, et en présence de ceux-ci seulement.

Les causes de ces récusations sont illimitées.

Art. 17. Le Président de la Cour d'assises sera tenu, à peine de nullité, d'avertir l'accusé, avant le tirage du Jury, du droit qui lui est ouvert de présenter ses récusations; le Ministère public ne sera reçu à exercer les siennes qu'après que celles de l'accusé auront été épuisées. Les récusations ne pourront plus être exercées lorsqu'il ne restera que le nombre nécessaire à la formation du Jury de jugement et des jurés supplémentaires, dans le cas où leur adjonction aura été ordonnée par la Cour d'assises.

Art. 18. Les noms des Jurés par rapport auxquels les récusations auront été admises ne figureront point sur le tableau du Jury de l'affaire. Le Président avertira chaque juré sortant et dont la récusation aura été accueillie préalablement, de l'arrêt qui l'exclut du Jugement.

DU JURY SPÉCIAL.

Art. 19. Sur la liste des jurés désignés en exécution de l'art. 387 du Code d'instruction criminelle, pour être compris dans le tirage au sort de l'année suivante, les Premiers Présidents extrairont, sous leur responsabilité personnelle et en Conseil d'administration, cent jurés spéciaux pour chaque département, et jusqu'à la concurrence du quart de la liste pour le département de la Seine seulement ; les noms, ainsi extraits, continueront d'être compris sur la liste des jurés ordinaires.

Art. 20. Dix jours au moins avant l'ouverture des assises, les Premiers Présidents procéderont suivant le mode établi par l'article 388 du Code d'instruction criminelle, au tirage public, sur la liste des jurés spéciaux, de vingt-cinq noms qui formeront le jury spécial de la session.

Ils tireront en outre quatre jurés supplémentaires pris parmi les individus mentionnés dans le paragraphe 2 de l'article ci-après.

Art. 21. Le nombre de vingt-quatre jurés est substantiel pour la formation d'un Jury spécial.

En cas d'insuffisance, il sera complété par l'adjonction de citoyens domiciliés au chef-lieu des assises et désignés par les Premiers Présidents sur une liste spéciale et dont le nombre ne pourra être inférieur à vingt noms ni excéder celui de trente dans les départements et sera de cent vingt au moins et de cent cinquante au plus dans la capitale.

Les jurés supplémentaires compris dans cette dernière liste ne pourront pas faire partie simultanément de la liste ordinaire du Jury spécial.

Art. 22. En cas d'insuffisance de la liste de service, le Président des assises désignera par la voie du sort les jurés qui devront compléter le nombre de vingt-quatre.

Ils seront pris parmi ceux des individus inscrits sur la liste mentionnée au paragraphe 3 de l'art. 393 du Code d'instruction criminelle.

Art. 23. Le Ministère public ne pourra exercer aucune récusation sur les jurés spéciaux.

Art. 24. Les fonctions de juré spécial et de juré ordinaire pourront être cumulées ; néanmoins nul ne pourra être forcé de faire partie de plus de deux sessions d'assises par année.

Art. 25. Les affaires soumises au Jury spécial seront jugées immédiatement après celles soumises au jury ordinaire, ou dans une session extraordinaire suivant les nécessités du service.

Art. 26. Le jury spécial connaîtra des crimes de banqueroute frauduleuse, de faux, de fausse monnaie, de contrefaçon des sceaux de l'Etat, des billets de banque, des effets publics et des poinçons, timbres et marques, de forfaiture, de soustractions commises par les dépositaires publics, de concussion, de corruption, d'abus d'autorité, de provocation ou correspondance contre l'autorité publique, de résistance, rébellion et autres manquements envers la même autorité, lorsque ces crimes lui auront été renvoyés par un arrêt spécial de la Chambre des mises en accusation de la Cour royale.

Il connaîtra de droit et dans tous les cas, 1° de tous les crimes contre la chose publique spécifiés dans les articles 75 et suivants du Code pénal jusque et y compris l'article 131 du même Code; 2° de tous les crimes et délits politiques et de la presse, justiciables du Jury ordinaire d'après les lois des 8 octobre et 10 décembre 1830, et celle du 9 septembre 1835 (1).

---

(1) Si la nouvelle combinaison proposée de Jurés ordinaires et de Jurés spéciaux au nombre total de trois cents et quelques noms, paraissait à l'Administration devoir entraver le service des sessions extraordinaires, bien que ces assises soient tombées en désuétude dans la presque totalité de la France, j'indiquerais pour les départements où elles sont devenues en quelque sorte périodiques et trimestrielles, tels que, par exemple, ceux du Nord et de la Seine-Inférieure, une disposition additionnelle ainsi conçue :

Les départements du......... seront divisés en deux sections ou arrondissements judiciaires pour le jugement des crimes et délits soumis à la juridiction des Cours d'assises; il sera formé, en conséquence, deux listes de Jurés pour le service de chacune de ces sections. Ces Jurés seront désignés dans leur section respective dans le même nombre et suivant les mêmes règles que pour la formation de chaque Jury départemental ordinaire. La tenue de ces doubles assises aura lieu au chef-lieu du dépar-

DE LA COUR DES PAIRS.

Art. 27. A l'avenir la Chambre des Pairs ne pourra être convoquée en Cour de Justice que pour statuer sur les attentats commis contre la sûreté intérieure et extérieure de l'État, prévus et qualifiés *crimes* par les articles 75 et suivants

---

tement de manière à ce qu'elles soient espacées convenablement en raison de deux sessions par trimestre.

En cas d'insuffisance des Jurés de service, leur nombre sera complété par les Jurés supplémentaires désignés dans les articles 388 et 393 du Code d'instruction criminelle, quelle que soit la section à laquelle il sera nécessaire de les appeler.

Le nombre des Jurés supplémentaires spéciaux dont il est parlé dans l'article 21 du projet ci-dessus, sera dans ce cas porté au double.

Chaque section connaîtra des crimes et délits commis dans son territoire, suivant les règles générales de la compétence en matière criminelle.

Quant au département de la Seine, le chiffre total du Jury annuel peut être facilement augmenté suivant les nécessités d'un service qui échappe à mon appréciation, ayant entendu plutôt indiquer des bases générales de législation que présenter des calculs mathématiquement exacts que le Gouvernement seul peut déterminer.

du Code pénal, jusques et y compris l'article 108 du même Code.

DISPOSITION GÉNÉRALE.

Art. 28. Toutes dispositions de lois contraires au présent projet sont et demeurent abrogées.

Du droit de grâce.

Mais ce n'est point assez que la justice soit forte dans son organisation, ferme et mesurée dans sa marche ; il faut encore que son œuvre soit respectée et que l'opinion publique ayant foi dans ses oracles, cesse de les considérer comme un vain appareil de répression. Si le droit de grâce est déjà dans nos lois, craignons surtout que, des hautes régions de la Couronne, il ne descende habituellement sur les décisions de la Justice pour les mutiler ou les anéantir. Dans une société affaiblie où cette Justice est molle et insuffisante, il faut bien se garder d'altérer trop souvent le principe de la chose jugée ; ce serait porter à l'ordre un ébranlement fatal. L'influence de ce droit régalien sur la répression des crimes en général est donc une des plus hautes questions de l'administration publique. Pour bien en apprécier l'étendue et en déterminer les limites, je l'examinerai suivant son origine, sa nature et son opportunité actuelle, avec la réserve que m'imposent mon caractère et le respect que je dois à cette importante prérogative de la royauté.

Le droit de grâce est le tempérament de la justice (1) : *felix querela est cum leges pietate superantur, cum dominus adversùs sua judicia amabili concertatione dissentit* (dit Cassiodore). En France où toute justice émane du Roi, toute grâce doit émaner de lui ; sa justice il la délègue, sa grâce il la retient ; à d'autres les rigueurs, pour lui la miséricorde et le pardon : tel est le Prince dans les Gouvernements absolus, tel il est encore dans notre Etat constitutionnel où le règne de sa seule volonté ne peut plus s'accomplir que sous le *bon plaisir* de la clémence. La grâce est au Roi ce que la miséricorde est à Dieu (2) ;

---

(1) On trouve des traces de ce droit dans les plus anciennes monarchies : la loi des Perses prononçait la mort contre quiconque avait pénétré, sans ordre, dans l'intérieur des appartements du Roi. *Nisi forte,* disent les livres saints, *rex auream virgam ad eum tetenderit pro signo clementiæ atquè ità possit vivere.* (Esther, ch. 4, v. 11.)

Est-ce pour vous qu'est fait un ordre si sévère ?
Vivez : le sceptre d'or que vous tend cette main,
Pour vous de ma clémence est un gage certain.

(Racine.)

(2) Un Premier Président de Parlement, après

elle lui imprime un reflet de la Divinité même : *homines ad deos nullà re proprius accedunt, quàm salutem hominibus dando*, dit Cicéron. (*pro Ligar.*) Ainsi dans l'antiquité, de même que les temples servaient d'asile aux condamnés, de même encore ceux-ci trouvaient un refuge en embrassant les statues du Souverain ou en présentant son image ; mais la justice divine et celle du Prince ont, entre leurs attributs, cette différence essentielle, que la miséricorde de Dieu n'est subordonnée qu'au repentir et à la satisfaction ; la grâce du Prince, au contraire, aux règles variables de sa politique.

Emanation libre et spontanée de la volonté souveraine, le droit de grâce a dû prendre sa source dans les pratiques du Gouvernement absolu ; car il s'exerce en dehors des lois, interrompt le cours de la justice et brise arbitrairement son œuvre la mieux réfléchie. Ce pouvoir s'accommode, néanmoins, aux formes des Gouvernements tempérés et des Etats constitutionnels : dans ses rapports avec la justice ordinaire, nul danger que le Prince, par l'usage

---

avoir prononcé l'arrêt qui entérinait les lettres de grâce d'un condamné, lui adressa ces belles paroles : N... *la Cour vous avait fait justice, le Roi vous a fait grâce, Dieu vous fasse miséricorde !*

immodéré de sa clémence, laisse périr les sûretés qu'il doit à ses peuples; dans ses rapports avec la raison d'Etat, il devient dans les temps difficiles une nécessité réelle et un grand moyen d'administration publique. « C'est un grand » ressort des Gouvernements modérés, dit » Montesquieu, que les lettres de grâce. Ce » pouvoir de pardonner, exécuté avec sagesse, » peut avoir d'admirables effets. » (*Esprit des lois.*) J'ajoute que c'est principalement à la suite des grandes commotions, pendant lesquelles la Justice a déployé un appareil inusité, et lorsque le salut de l'Etat n'est plus en péril, que l'usage de cette dictature miséricordieuse doit précipiter l'œuvre de la pacification générale.

Il n'entre point dans mon dessein de traiter spécialement du droit de grâce au point de vue des opportunités de la politique : cette thèse ardente et périlleuse est étrangère aux méditations du Magistrat, et je veux avant tout considérer le droit commun ; je dirai néanmoins que la justice politique est une justice à part, et ses actes l'œuvre des circonstances et d'une nécessité actuelle ; le temps du danger passé, la tourmente apaisée, et lorsque le pays a repris sa face accoutumée, la voix des bons citoyens implore l'indulgence, la raison d'Etat se fait entendre, et le Prince inexorable d'abord pour ce petit nombre d'hommes que l'impunité enhardit et qui n'accepteraient leur grâce que comme un présent de la faiblesse, ouvre largement les trésors de sa miséricorde aux victimes de cet entraînement et de ces fallacieuses promesses par lesquelles on agite les populations et on bouleverse les Etats. Heureux le temps où la Couronne peut donner un tel essor à sa prérogative, sans danger pour elle ni pour la paix publique ! « Quand faut-il » punir? Quand faut-il pardonner? C'est une » chose, dit encore Montesquieu, qui se fait » mieux sentir qu'elle ne peut se prescrire; » quand la clémence a des dangers, ces dangers » sont très-visibles; on la distingue aisément de » cette faiblesse qui mène le Prince au mépris et » à l'impuissance même de punir. » (*Esprit des lois.*) Mais la grâce, pour être efficace, doit être l'œuvre de la force et de la magnanimité, et il n'appartient qu'à la haute puissance d'un Prince de dire avec Théodose : *Si quis modestiæ nescius et pudoris ignarus, improbo, petulantique maledicto nomina nostra crediderit lacessenda, ac temulentia turbulentus obtrectator temporum nostrorum fuerit; cum pœnæ nolumus subjugari, neque durum aliquid, nec asperum (volumus) sustinere : quoniam si id ex levitate processerit, contemnendum est; si ex insaniâ, miseratione dignissimum; si ab injuriâ, remittendum* (L.

unique, au Code, *Si quis imperatori maledixerit.)*

Si nous consultons les sources du Droit, nous voyons que le droit de remettre les condamnations dérive de la législation romaine à laquelle il a été depuis emprunté par les lois et les coutumes de presque tous les peuples (1). La loi 3 au Code *de generali abolitione* en donne la plus exacte définition. *Indulgentia, patres conscripti, quos liberat notat, nec infamiam criminis tollit, sed pœnæ gratiam facit,* ce qui signifie assez énergiquement que la clémence du Prince n'efface pas la tache de la condamnation, mais en remet seulement la matière. Telle est la pureté primitive du principe; mais les Empereurs n'observèrent pas rigoureusement la règle qu'ils s'étaient d'abord imposée; de là

---

(1) On lit aux 4 et 5e Conciles tenus à Tolède : « qu'après que tous les Evêques et Etats d'Espagne » eurent chassé leur Roi Semithelanus pour ses » cruautés et ses injustices, et élu Roi en son lieu » Sisenandus, ils stipulèrent de lui nommément et » le firent jurer tant pour lui que pour ses succes- » seurs que, où il serait question de condamner à » mort, il ne le pourrait faire que par l'avis de » tous les Sages ; *mais de pardonner et absoudre,* » *ils remirent cela à sa volonté et discrétion.* »

ces distinctions entre la restitution *in integrum* qui anéantissait jusqu'à la procédure et au fait lui-même, en replaçant le condamné dans le même état qu'avant sa condamnation, et la restitution simple qui remettait simplement la peine et laissait subsister l'infamie.

En France, malgré l'empire de la maxime *la grâce entache*, qui correspondait à celle de la loi romaine *quos liberat notat,* on avait admis, à peu près, les mêmes extensions. Avant l'ordonnance criminelle de 1770, les chroniques nous montrent le droit de grâce exercé d'abord par les grands-officiers du royaume (1), puis ressaisi par Charles V et Louis XII comme un attribut de leur couronne, parfois délégué aux Princes de leur famille, usurpé par quelques légats et évêques, retiré à la puissance ecclésiastique, enfin concédé à certaines villes pour des solennités déterminées. Ce droit, arbitraire dans son essence, était devenu ainsi tyrannique dans ses abus, en ce qu'il restreignait sans mesure le

(1) Il faut bien que cette puissance n'ait appartenu dans l'origine qu'aux Princes; car Auguste la refusa à son retour des Gaules et des Espagnes, ne se sentant pas, dit l'histoire, tellement confirmé Empereur, qu'il ne reconnût encore en lui toute la souveraineté et la puissance de la république.

domaine de la Justice et qu'il en blessait trop souvent les garanties.

Une chose digne de remarque dans ces traditions du temps et de l'histoire, c'est que les souverains absolus s'étaient, sous l'empire d'une législation répressive jusqu'à l'excès, prémunis contre la captation et la faiblesse en opposant par de sages ordonnances des limites et des restrictions à l'abus qu'ils seraient tentés de faire de la clémence, et en assujettissant dans tous les cas cette émanation de leur puissance à des formules de rigueur émises par des lettres de grande ou petite chancellerie et toutes soumises à l'enregistrement des Cours ou des Tribunaux (1). Les

(1) « Nous voulons, dit une ordonnance de » Henri III, du mois de mai 1579, que les édits » et ordonnances faites par les Rois nos prédécesseurs pour les meurtres de guet-à-pens, soient » entièrement gardées et observées, tant contre » les principaux auteurs que ceux qui les accompagneront, pour quelqu'occasion ou prétexte que » lesdits meurtres puissent être commis, soit pour » venger querelles, ou autrement : *dont nous n'entendons estre expédié lettres de grace ou rémission;* » *et où aucunes par importunité seront octroyées,* » *défendons à nos Juges d'y avoir aucun égard,*

Corps judiciaires avaient donc dans cette importante matière, quelquefois, un droit effectif de vérification et de refus, et dans tous les cas celui de remontrance au Roi ou au Chan-

---

» *encore qu'elles fussent signées de notre main et* » *contre-signées par un de nos secrétaires d'Etat.*

» Même ordonnance contre les assassins et ceux » qui pour prix d'argent ou autrement se louent » pour tuer, ensemble ceux qui les auront loués ou » induits pour ce faire : encore que l'effet ne s'en » soit ensuivi.

» Voulons, dit une autre ordonnance de Louis XIV » du 10 août 1686, que dans les rémissions que » nous aurons fait sceller de notre grand sceau, si » les circonstances résultant des charges et infor- » mations se trouvent différentes de celles portées » par l'exposé de nos lettres, en sorte qu'elles » changent la qualité de l'action ou la nature du » crime, en ce cas nos Cours et nos Juges auxquels » l'adresse en aura été faite, *ayent à en surseoir le* » *jugement et l'entérinement,* jusqu'à ce qu'ils aient » reçu de nouveaux ordres de nous. »

Sur quoi Guy Coquille ajoute : « C'est très bien » fait au Roi de brider sa volonté et puissance » absolue pour ne l'employer à sauver un crime si » détestable, et il cite à l'appui la loi de Moïse sur » les meurtriers : *ab altari meo evelles ut moriatur.* » (Exod., cap. 21, vers. 14.).

celier ; mais le temps a emporté toutes ces franchises de la Justice et, de nos jours, ce droit du Souverain n'est assujetti à d'autres règles qu'à celles qu'il plaît au Roi d'imposer à sa propre volonté.

Il y a dans ces documents de l'histoire, et en tenant compte de la différence des institutions et des hommes, un enseignement pratique qui ne doit pas être négligé dans l'administration des choses de ce siècle ; c'est que, s'il a paru nécessaire aux Princes absolus armés d'une législation sévère de se prémunir contre leur faiblesse dans l'usage immodéré de la clémence, à combien plus forte raison devra-t-il en être ainsi dans un Gouvernement qui n'a pour auxiliaire qu'une Justice énervée. Si la loi fondamentale n'a pas prescrit cette règle d'administration et de sagesse, la nature des choses qui est la première de toutes les Constitutions l'a déjà fait sentir. Lorsque les chances d'impunité surabondent, que les hommes manquent aux lois et que souvent les lois sont insuffisantes aux hommes, que l'esprit public se fausse et se détériore, et que le crime enfin marche la tête haute, nous dirons que le droit de grâce confisqué par les pouvoirs secondaires est descendu des hautes régions de la Couronne dans l'économie des lois et les pratiques de la justice ordinaire.

Partant que restera-t-il à faire au Prince à la vue d'une société sans défense et de mœurs judiciaires affaiblies ? Peu de chose sans doute, si ce n'est le redressement de quelques erreurs, l'encouragement à donner à un repentir soutenu, un coupable à sauver pour un grand service rendu à l'Etat, et quelques tempéraments à apporter aux décisions justement sévères de la discipline militaire : *vicit disciplina militaris, vicit imperii majestas.* (Tite-Live sur Fabius.)

Hors ces conditions, l'abus des grâces déconsidérera l'œuvre de la Justice, enhardira les coupables, découragera les gens de bien et donnera surtout une funeste impulsion aux faiblesses du Jury. Qui se montrera ferme dans le devoir, quand le pardon suivra presqu'immédiatement la condamnation ? Qui refusera de modérer la peine, quand elle sera remise tôt ou tard ? Qui n'abusera pas enfin de la clémence, cette vertu de l'homme privé, en présence des hautes excitations du pouvoir à la miséricorde ? Qui réservera au Prince le droit d'indulgence, quand on pourra l'exercer soi-même ? Qui sera fort quand il sera faible, inaccessible à la pitié quand il y sacrifiera, inexorable aux sollicitations quand il y succombera ? Personne, non personne, je l'atteste, et c'est ainsi que, par une contagieuse réaction de l'exemple, pouvoirs publics, Prince et citoyens conspireront à leur insu la ruine de l'ordre et des lois !

Cet état critique et désespérant n'est pas sans similitude avec notre situation sociale ; mais telle n'est pas, grâce à Dieu, l'influence de la Couronne sur les destinées de la justice criminelle, et il ne faut pas, pour quelques abus indépendants de sa volonté, lui disputer l'exercice d'un droit toujours nécessaire dans les commotions politiques et souvent utile dans l'état normal de la justice ordinaire : *misericordia et veritas custodiunt Regem, et roboratur clementiâ thronus ejus.* (Proverbes, ch. 20, v. 28.) Il fut un temps sans doute, où des faveurs inattendues de tous et peut-être inespérées des condamnés eux-mêmes vinrent, en trop grand nombre, suspendre le cours de la Justice et désoler les Magistrats. Ces grâces avaient été surprises et l'Administration trompée; l'opinion publique s'en affecta vivement, et ces faveurs réitérées portèrent les plus mauvais fruits. Ce relâchement momentané prenait sa source dans les exagérations de l'école *humanitaire* qui prétendait régénérer les hommes par les tempéraments, non moins que par la sévérité. Les pouvoirs publics sacrifièrent aussi à ces trompeuses théories et, il faut l'avouer, les essais malheureux qui furent faits de toute part ne contribuèrent pas peu à dissiper les illusions qu'elles avaient enfantées.

De nos jours, si des abus que je ferai bientôt connaître, peuvent exciter encore la sollicitude de l'autorité publique, une amélioration immense a signalé la marche de l'Administration et l'on ne saurait trop l'en féliciter; je veux parler du compte annuel de toutes les grâces inséré dans la statistique ordinaire des affaires criminelles.

Dans le temps de publicité où nous vivons, l'état fidèle des commutations ou des remises entières de peines avait une trop grande part dans la distribution de la justice, pour que le Gouvernement ne comprît pas la nécessité de le mettre à jour, et c'est ce que vient de faire depuis deux ans le département de la Justice (1). Ce compte rendu à l'opinion peut provoquer d'utiles avertissements, en même temps qu'il sera un puissant véhicule d'encouragement pour la ré-

---

(1) Dans les comptes des années 1837 et 1838, publiés en 1839 et 1840, les grâces et commutations accordées au 9 août de ces deux années s'élèvent au chiffre de 1398. Dans ce nombre ne figurent point les commutations de la peine capitale, ni celles qui suivent quelquefois immédiatement les arrêts de condamnation, telles que la remise de l'exposition, etc. Les commutations de la peine capitale sont mentionnées à part; sur 77 condamnés à mort dans ces deux années, la peine de 18 a été commuée.

forme pénitentiaire et la régénération des condamnés. Mais pour le compléter, il reste à faire connaître encore l'état des récidivistes dont la clémence du Prince avait, auparavant, brisé les fers ou adouci la condamnation : ces exemples d'hypocrites regrets ou de faveurs imméritées sont malheureusement très-communs, et l'Administration, en ayant sous les yeux le tableau de ses propres erreurs, se montrera encore plus vigilante et plus sévère dans la dispensation des grâces et des commutations qu'elle sollicite de la Couronne.

Mais si les Cours n'ont plus aujourd'hui le droit de remontrance et de vérification qui appartenait aux anciennes juridictions dans l'enregistrement des lettres de grâce, le Gouvernement constitutionnel a, de la volonté du Prince, soumis l'obtention de ces lettres à des règles d'administration publique : en France, comme en Angleterre, elles doivent être revêtues du contre-seing du chef de la Justice ; une ordonnance du 6 février 1818, contre-signée *Pasquier,* réglemente l'exercice du droit de grâce dans les bagnes et les prisons, en prenant pour base ce principe que « si la punition des crimes et des » délits est le premier besoin de la société, le » repentir, quand il est sincère et bien constaté, » a d'autant plus droit à la clémence royale,

» que souvent il n'est pas moins utile pour » l'exemple que la peine même. » Enfin la règle qui s'observe généralement sur la matière, est que nul condamné ne peut obtenir de grâce ou commutation qu'il n'ait préalablement subi au moins la moitié de sa peine. Toutes les fois que cette garantie du repentir qui est en même temps une satisfaction première donnée à la Justice n'a pas été observée, on peut affirmer que la clémence royale a été le plus souvent surprise.

Tous les Gouvernements de l'Europe s'entendent aujourd'hui pour écarter l'arbitraire et le caprice dans la distribution d'une telle faveur. Le Roi de Prusse a établi une Commission chargée de l'éclairer dans la remise ou la commutation des peines ; il en existe à Genève une semblable connue sous le nom de *recours,* qui agit souverainement en pareil cas ; dans certains Etats de l'Union américaine, le Corps législatif exerce lui-même le droit de grâce ; dans les autres, il l'est par un Conseil composé des cinq grands Juges de l'Etat réunis à d'autres fonctionnaires, et toujours après un rigoureux examen. Enfin l'Angleterre, comme nous l'avons vu, a presque placé ce droit sous la garantie des formes judiciaires et constitutionnelles : dans ce pays le Prince ne peut ce qu'on appelle *barrer l'accusation* des communes (*Journal des Communes du*

6 *juin* 1689), c'est-à-dire remettre les crimes dévolus à la justice du Parlement, non plus que les emprisonnements illégaux et les injures ou préjudices soufferts par les particuliers ; *non potest rex gratiam facere cum injuriâ et damno aliorum.* Les lettres de grâce doivent à peine de nullité désigner la nature du crime ou de l'offense ; dans tous les cas le Magistrat est admis à prouver que la Couronne a été trompée ; enfin le Parlement lui-même s'est arrogé cette importante prérogative, il l'exerce sans contrôle et sans restriction, et, à la différence de la grâce accordée par le Roi, la sienne emporte une réhabilitation qui purge le condamné de toutes les souillures du passé : *in integrum restituitur.*

Dans plusieurs Etats modernes et notamment en Angleterre la coutume existe encore, qu'aucun arrêt de mort ne puisse recevoir son exécution, sans que le Prince y ait apposé sa signature. En France particulièrement le Roi a voulu que toute procédure criminelle suivie d'une condamnation capitale fût mise sous ses yeux et qu'il lui en fût fait rapport ; jusque là l'exécution est suspendue de droit, quand bien même le condamné n'aurait pas imploré la clémence royale. Cette haute sollicitude pour la vie des hommes et cette révision forcée des arrêts de la Justice dans une matière aussi considérable sont dignes de tous les hommages ; il ne faut pas qu'une tête tombe, même la plus criminelle, sans que l'on ait épuisé toutes les garanties contre l'erreur et que l'opinion ait été pleinement rassurée.

Mais la grâce, dit Sénèque, ne doit être ni vulgaire, ni banale : *nec promiscuam habere ac vulgarem clementiam oportet* (de Clementiâ). L'Administration devra-t-elle donc consulter habituellement les procureurs généraux sur ces recours formés *immédiatement* contre les arrêts et qui tendent à transformer le cabinet du Prince en un nouveau degré de juridiction ? ou plutôt ne doit-on pas éliminer, *de plano* et sans examen, les demandes de ce genre qui provoquent encore des atténuations là où le Jury les a déjà prodiguées par l'admission des circonstances atténuantes, et n'est-il pas de haute convenance surtout d'observer plus strictement cette règle dans les condamnations où la Cour d'assises *n'a pas prononcé le minimum de la peine* lorsque la loi lui en donnait la faculté ?

Ce refus des Magistrats d'appliquer au condamné les dernières limites de l'indulgence légale ne témoigne-t-il pas assez énergiquement de son indignité, et que deviennent, en présence d'un tel document, toutes les écritures de la correspondance officielle ? Les procureurs généraux, qui n'ont pas tenu l'audience, peuvent être abusés par des rapports inexacts et peut-être par des sollicitations importunes; mais la Cour d'assises a donné bien plus qu'un avis, c'est un arrêt qu'elle a prononcé : en soumettant donc immédiatement son œuvre à des investigations minutieuses et à un contrôle officiel, n'est-ce pas porter en même temps atteinte à sa considération et au respect de la chose jugée ? Je n'hésite pas à le dire hautement, et sans doute l'Administration l'aura pensé de la sorte, car déjà la direction des affaires criminelles se montre bien moins facile que par le passé dans le concours qu'on lui demande de son influence personnelle sur les grâces de la Couronne : elle résiste aux obsessions de tout genre qui l'assiègent de toute part ; sachons-lui en gré ; mais qu'elle résiste encore davantage, elle ne résistera jamais assez dans ce temps où il n'est pas de malfaiteur qui ne trouve un honnête homme pour patron, une considération pour appui et une banalité pour excuse. La Justice doit l'en supplier, il y va de ses plus chers intérêts. Dans les chances incertaines de la répression et au milieu des désordres et de l'insuffisance de la pénalité, le droit de grâce est devenu une question sociale; le Gouvernement comprend sa haute responsabilité, mais il faut encore que l'esprit public se forme à cette école et s'imprègne de cette nécessité. Magistrats, fonctionnaires et citoyens, que chacun sache que la clémence qui est une vertu pour l'homme privé est, dans ses excès, une sorte de forfaiture pour l'homme public, et qu'y pousser l'autorité par des sollicitations importunes, c'est faire l'acte d'un mauvais citoyen : il y a plus de cruauté, dit Sénèque, à pardonner à tout le monde, qu'à n'épargner personne, *tam omnibus ignoscere crudelitas est quam nulli* (de Clementiâ).

Mais si les grâces sont distribuées avec réserve et suivant les nécessités de la justice, pourquoi les tenir à la dérobée enfouies dans les archives des bureaux ou dans la poudre des greffes? L'Administration a-t-elle assez fait en les communiquant par un simple avis aux procureurs généraux qui eux-mêmes les font mentionner par une simple note en marge des arrêts de condamnation ? Par cette concession occulte et mystérieuse des faveurs du Souverain, ne prive-t-on pas le droit de grâce de son éclat et la justice de ses premières garanties? L'autorité d'un jugement définitif signé de tous les Magistrats qui l'ont rendu, et précédé d'une longue et minutieuse procédure, sera-t-elle donc anéantie ou modifiée par un simple émargement effectué sur une missive qui ne restera pas même en minute dans les archives de la Cour d'assises ? Sans suspecter la loyauté de l'Administration publique, ce dont Dieu me garde, ne lui est-il pas possible de commettre des erreurs dans les travaux de sa nombreuse correspondance ? et si ces altérations involontaires se réalisent, comment pourra-t-elle jamais les réparer ? La chose jugée, placée sous la garde des lois et la prérogative du Prince, sera-t-elle donc ainsi livrée aux erreurs de tous genres, dans les noms, dans les dates, dans les substitutions de peine ? Non, cela est impossible, et j'en atteste à l'avance la sollicitude du pouvoir et cet ordre si complet qui chaque jour vient perfectionner toutes les branches des services publics.

A ces considérations générales, j'ajouterai que de tout temps, dans toutes les législations et chez tous les peuples, les lettres de grâce et de commutation ont été enregistrées dans les Cours de justice, soit que, comme en Angleterre, elles soient soumises à la contradiction du Juge, soit qu'il ne s'agisse comme en France que d'une simple vérification de titre. Mais cette simple formalité a déjà son importance ; j'ai vu la Cour dont je suis membre, ajourner il y a plus de dix ans l'enregistrement d'une grâce à cause de l'intercalation suspecte dont elle était l'objet, dans une nomenclature d'autres grâces accordées à plusieurs condamnés. Aujourd'hui les commutations de la peine capitale sont seules entérinées, à cause sans doute de leur importance ; c'est là une disposition toute gratuite arbitrairement empruntée à la règle générale. Comment toutes les lettres du Prince constatant l'exercice de sa prérogative ne le seraient-elles pas sans exception ? L'acte de clémence ne doit-il pas être accolé à l'œuvre de la Justice dont il devient l'annexe inséparable, et où le cherchera-t-on désormais, si ce n'est dans les archives de nos Cours royales, dépôt nécessaire de tous les actes qui affectent l'honneur, la vie et la liberté des citoyens ?

Sous un autre point de vue d'ailleurs, le pouvoir judiciaire ne doit-il pas être informé, par une communication régulière et officielle, de la cause qui empêche ou modifie l'exécution de ses arrêts ? Une simple annotation marginale, opérée sans appareil, clandestinement et pour ainsi dire à la dérobée, est-elle suffisamment digne du Prince, de la Justice et du Gouvernement ? Je ne le crois nullement ; et ici j'invoque à l'appui et les traditions du passé et les dispositions de notre législation moderne qui ont prescrit l'entérinement des lettres du Prince sans aucune exception ni réserve (1).

---

(1) Art. 20 du décret du 6 juillet 1810. « Les » Chambres d'accusation et celles d'appel des ju- » gements de police correctionnelle pourront assis-

Au reste, le droit de grâce ne peut jamais remettre les poursuites criminelles (1) : en agissant

---

» ter et seront convoquées aux audiences *solennelles* » indiquées pour l'enregistrement *des lettres de* » *grâce ou de commutation de peine adressées aux* » *Cours impériales.* »

Par un décret du 14 juin 1813, les graciés militaires ont été dispensés d'assister à l'entérinement de leurs lettres, pour ne pas prolonger leur captivité. Mais l'article 2 de ce décret porte : « Notre ministre » de la guerre ou de la marine donnera les ordres » nécessaires pour que l'expédition de notre décision soit transcrite sur le registre contenant le ju» gement de condamnation, ou jointe à la minute » de ce jugement; que mention en soit faite à la » marge dudit jugement, et signée par le dépositaire et que copie en forme en soit délivrée à la » partie intéressée. »

(1) On lit dans des lettres de grâce accordées par le roi Louis XVIII à des condamnés politiques ces réflexions préliminaires : « Que les lettres d'abolition » avant le jugement, contre lesquelles les Magistrats » les plus distingués n'ont cessé de réclamer autre» fois, sont contraires aux règles, entravent le cours » de la Justice et nuisent à l'action des tribunaux; » qu'il n'en est pas ainsi de l'abolition après la con» damnation, surtout lorsqu'il s'agit *de faits qui*

ainsi, le Souverain se placerait au-dessus des lois qu'il doit faire respecter le premier. La clémence a pour but de tempérer les rigueurs de la Justice, elles les suppose nécessairement ; il faut donc avant tout que l'œuvre du Juge soit accomplie. Si dans nos mœurs judiciaires *la grâce entache,* comme on l'a vu, accordée avant le jugement, elle pourrait racheter un innocent des poursuites et lui imprimerait par là une véritable flétrissure; nul doute, s'il en arrivait ainsi, qu'elle ne pût être répudiée, ce qui serait un scandale : et pourtant l'honneur de la personne, la considération des familles et le respect de l'opinion ne permettraient pas d'hésiter. En pareille matière on peut tenir comme

---

» *n'ont été considérés comme criminels qu'à raison*
» *des circonstances.* »

Les Anciens rendirent eux-mêmes hommage à ce principe : l'Empereur Maurice voulut qu'on fît le procès de Germain que les soldats avaient forcé à se laisser proclamer Empereur, et, après la condamnation, il lui pardonna. Jadis Arbacès en fit de même à Belesis accusé de péculat, dit Hérodote, et Suétone remarque qu'Auguste ne tenta qu'une fois de le faire pour délivrer Castritius des mains de la Justice, ayant obtenu *par prières* de l'accusateur, qu'il se désistât de sa demande.

maxime que la clémence du Prince ne peut jamais atteindre qu'une condamnation définitive ; si elle intervenait auparavant, elle troublerait la marche de la Justice et paralyserait l'exercice des voies légales ouvertes contre les jugements. Or cette confusion des pouvoirs serait incompatible avec la nature des choses et l'esprit de nos institutions : aussi les condamnés par contumace ne sont-ils jamais admis à profiter de cette haute prérogative de la Couronne, car en aucun temps les arrêts prononcés contr'eux ne peuvent servir de base à l'exécution des peines, et les incapacités civiles qui en résultent ne sont pas du domaine de la clémence souveraine.

Ce droit ne peut donc affecter que la chose irrévocablement jugée, dans la limite des peines qui en sont l'objet. Dans cette question de prérogative royale, il faut écarter les distinctions de l'ancienne jurisprudence entre la restitution simple et la restitution *in integrum*, les lettres d'abolition, rémission ou pardon, rappel de ban, etc., toutes espèces soumises à des règles différentes ; et le principe que la *grâce entache*, *quem liberat notat*, qui constitue la pureté primitive du Droit, a repris son autorité. Nul doute ainsi que le Prince ne puisse en aucun cas remettre aux condamnés la mort civile, ni généralement les effets légaux des condamnations, parce que malgré toute sa puissance la souillure de la peine n'en subsisterait pas moins (1).

---

(1) Il est un cas néanmoins où la grâce opère les mêmes effets que la réhabilitation, c'est celui où les lettres en sont délivrées avant l'exécution du jugement. L'article 26 du Code porte en effet : « que » les condamnations n'emporteront la mort civile » qu'à compter du jour de leur exécution, soit » réelle, soit par effigie. » Lors donc que la grâce intervient avant cette exécution, elle trouve le condamné *integri status,* et elle empêche l'accomplissement de la condition de rigueur à laquelle la loi a attaché le commencement des incapacité civiles résultant de la peine. C'est ce qu'avait jugé pour tous les crimes en général une ordonnance royale du 8 janvier 1823, rendue, sur l'avis des Comités réunis du Conseil d'Etat, dans un temps où il était de droit commun que la durée des condamnations ne commençât à courir qu'à partir de l'exécution des arrêts par l'exposition publique. Mais l'article 23 du Code pénal réformé ayant statué que la durée des condamnations temporaires compterait désormais du jour où la condamnation serait devenue irrévocable, il ne peut plus y avoir d'intervalle entre le jugement et sa mise à exécution : choses qui se confondent maintenant dans une seule et même époque, et la doctrine consacrée par l'ordonnance précitée ne peut plus recevoir d'application que

Cependant la loi dans sa prévoyante sagesse n'a pas privé ceux-ci des moyens de purger leurs incapacités , elle leur a ouvert la voie de la réhabilitation par lettres du Prince, mais sous la garantie d'une longue et authentique épreuve et avec *l'intervention obligée des arrêts de la Justice.* « La réhabilitation, dit l'article 633 du Code » d'instruction criminelle, fera cesser pour l'a- » venir dans la personne du condamné toutes » les incapacités qui résultaient de la condamna- » tion. » Si la Cour, porte l'article 628 du même Code, ne sanctionne pas la demande, elle est rejetée par cela seul ; et si elle y adhère, le Roi avise encore s'il y a lieu de l'admettre définitivement et d'en délivrer les lettres (art. 630). Ainsi la prérogative du Prince ne peut jamais s'étendre jusqu'à remettre les incapacités légales résultant des jugements criminels, et il arrive

---

pour les condamnations perpétuelles dont les effets se trouvent encore réglés par l'article 26 du Code civil.

C'est là sans doute une anomalie singulière et qui aura échappé aux auteurs de la réforme, que la clémence du Prince puisse être plus efficace sur les condamnations perpétuelles qu'elle ne le serait sur les condamuations temporaires ; telle est pourtant la force nécessaire des choses et l'économie actuelle de nos lois.

ainsi qu'au delà des bornes de la clémence souveraine, nous tombons dans le domaine de la réhabilitation régie par des principes opposés et qui forment la limite légale du droit de grâce. Il faut donc dire : *grâce entache, réhabilitation purge :* ces simples mots résument toute la doctrine.

Telle nous paraît la théorie constitutionnelle de ce droit dans les pratiques de la justice ordinaire et les attributs du droit commun ; mais la raison d'Etat a ses nécessités, et il est en politique des conjonctures où l'intérêt bien entendu de l'ordre serait compromis par des poursuites sans mesure et sans opportunité : de là l'usage des amnisties.

Le caractère propre de l'amnistie est de rétrograder pour effacer dans le passé jusqu'aux premières traces du mal ; à la différence de la grâce, elle ne suppose rien, si ce n'est pourtant la possibilité des poursuites. Moins personnelle que celle-ci dans ses applications, elle s'adresse aux catégories plutôt qu'aux individus, au fait plutôt qu'à la personne, en un mot elle *nettoie* l'arriéré et le couvre d'un voile impénétrable par l'oubli qu'elle commande aux citoyens et aux tribunaux : c'est là un grand bienfait sans doute dans les temps de crise et d'agitation, et gardons-nous de disputer au Prince l'exercice d'une prérogative qui tend à cimenter la paix publique !

Cependant l'amnistie est toute autre chose que la grâce, et si, par une heureuse extension, on l'en a fait dériver, c'est là peut-être un fait plutôt qu'un droit et une nécessité plutôt qu'un principe : *favores ampliandi*. L'embarras serait grand aux jurisconsultes et aux publicistes de tracer à ce droit des limites constitutionnelles et une démarcation quelconque ; car à côté des amnisties purement politiques, s'en trouvent d'autres qui se rattachent à certains délits du droit commun et que les pouvoirs parlementaires n'ont jamais contestées (1). Dans les embarras que pourrait susciter une aussi grave question, il faut rigoureusement s'en tenir aux usages constants observés sur la matière ; hors de là le cours de la Justice ne peut jamais être interrompu, toute atteinte qui y serait portée mettrait en péril une des premières garanties de la société et engagerait gravement la responsabilité ministérielle.

(1) Les délits amnistiés depuis la Charte de 1814 qui contenait sur le droit de grâce les mêmes dispositions que la Charte de 1830, appartiennent aux classes suivantes : faits relatifs à la révolution, aux douanes, aux déserteurs, aux délits de la presse et politiques, aux délits forestiers et à ceux commis en matière de subsistances, enfin aux contraventions aux lois sur la garde nationale.

Des diverses fonctions publiques près les Cours d'assises.

Que l'Administration veille donc sévèrement sur elle-même, ainsi que sur l'exécution des lois qui lui sont confiées; son exemple sera d'un grand poids. Mais la Magistrature est aussi appelée à prendre sa part dans cette œuvre de perfectionnement : la meilleure législation s'énerve et périt sous la main d'hommes passionnés ou sans courage; la moins parfaite, au contraire, s'épure et s'améliore sous celle des citoyens généreux qui, comprenant la sainteté de leurs devoirs, lui impriment le sceau de leur propre caractère; sous ce rapport jamais le dévouement de l'homme public ne fut plus nécessaire que dans le siècle où nous vivons.

La direction des débats criminels par les Présidents d'assises, la discussion des accusations par les Magistrats du Ministère public et la défense des accusés par le barreau, c'est-à-dire l'influence légitime de la parole et de l'autorité ne balancèrent en aucun temps à un si haut point les destinées de la Justice criminelle : *accusatoris officium est inferre crimina : defensoris diluere; testis dicere quæ scierit : quæsitoris unumquemque eorum in officio continere* (Cicero ad Herennium). Il n'y a pas de bien qu'on ne puisse attendre de cette collaboration commune dans laquelle le talent, l'indépendance et la loyauté ont une si grande part. Cet accord des intelligences et des caractères, cette sympathie du bien et du vrai, cette confraternité du devoir préviendront le plus souvent les erreurs de la Justice, perfectionneront sa marche et assureront la juste distribution des peines et des acquittements : sous ce point de vue les devoirs de ces diverses fonctions appartiennent éminemment à mon sujet.

Dans notre organisation judiciaire, le Président des assises est le Préteur de l'ancienne Rome qui, dans la décision du fait, *jus dicebat ex sententia aliorum et non judicabat,* tellement, dit une ancienne chronique, qu'il *n'y apportait rien du sien fors l'autorité et validité à ce qui se traistait et maniait devant lui.* Mais ce serait une grave erreur d'appliquer littéralement ces termes à la direction de nos débats criminels. Les Présidents sont principalement chargés d'instruire l'affaire, c'est-à-dire de préparer dans un colloque simple, concis, calme et bien articulé, entre lui et les témoins, et par des interpellations personnelles faites à l'accusé, tout ce qui doit raisonnablement fonder la matière d'un débat sérieux ; il doit rejeter au contraire tout ce qui tendrait inutilement à le prolonger. Or l'élaboration des enquêtes, la coïncidence des dates, le rapprochement des faits, leur enchaînement, leur contradiction, la supériorité logique des uns sur les autres, la concordance de tous, le dégagement des superfluités de la cause, en un mot la concentration des moyens sous la main habile qui les dilate ou qui les presse pour en exprimer le doute ou la certitude et faire jaillir la vérité des étincelles d'un débat lumineux; tous ces efforts pour déconcerter la fraude, faire triompher l'innocence et laisser la moindre part à la controverse, ne sont pas l'œuvre d'une attribution mécanique ni d'une intelligence vulgaire !

L'impartialité, qui est la première vertu du Président, n'exclut ni la logique dans la pensée, ni la précision dans les faits, ni les rapprochements dans les preuves. Interroger, c'est examiner; examiner, c'est interpeller; interpeller, c'est presqu'argumenter, ou plutôt, c'est provoquer dans un colloque individuel toutes les contradictions de la défense. Tout cela doit s'accomplir d'une manière claire, précise, correcte, sans qu'on puisse accuser le Magistrat d'avoir révélé son sentiment ou manifesté sa conviction : *cujus animi motum nullus detegit* (Callistrate.) Cette tâche est périlleuse et le terrein semé d'écueils et de difficultés : asservir constamment sa parole à sa volonté, être clair dans le discours et retenu dans la pensée, pressant dans les prémisses et réservé dans les conséquences ; éclairer les obscurités de la cause à la charge de se dissimuler soi-même; se faire en un mot l'agent de l'intelligence commune et commander sans cesse à ses propres impressions, tout cela exige beaucoup de tact, d'habileté, de discernement et surtout une grande conscience.

Dans l'accomplissement d'un tel devoir, faudra-t-il donc ainsi désespérer des hommes et des institutions ? Gardons-nous de le faire. Le grand art ou plutôt le premier devoir de cet auguste ministère est d'être calme et juste en tout et partout, de ne se passionner pour aucun des intérêts en présence, de tenir entr'eux la balance d'une main ferme et indépendante, et de poursuivre, *sans préoccupation,* la recherche de la vérité. *Medius inter reum et actorem* (Constantin). En obéissant ainsi aux seules nécessités de la cause, le Président se gardera de laisser prendre à personne l'initiative des questions décisives qui pourraient entraîner les convictions; il les formulera d'une manière claire et concise envers tous et pour tous ; il purgera l'élément du débat des subtilités et des équivoques, le fondera sur des proportions larges et aplanira ainsi les voies de la certitude judiciaire. Sobre de paroles et d'observations, si une réflexion devient nécessaire à l'intelligence d'un fait ou à son rapport avec un autre fait, ou s'il existe entr'eux des concordances ou des contradictions, il fera le rapprochement, balancera une réflexion par une autre, une présomption par une autre présomption et tiendra ainsi tous les intérêts en suspens en leur ménageant à chacun les éléments d'une discussion légitime.

Il n'oubliera pas qu'à lui seul appartient la direction des débats, et il ne souffrira jamais que personne le gêne ou l'entrave dans l'exercice de cette prérogative que la loi ne lui a pas confiée dans un misérable intérêt d'amour propre, mais pour la garantie des droits de tous. Il préviendra donc par des questions promptes et des rapprochements judicieux toutes les prétentions légitimes de l'accusation et de la défense, et il fera si bien en un mot qu'après ses propres recherches, il n'y aura guère que des redites ou des inutilités qu'il devra rejeter sans hésitation. Il proscrira les questions intempestives et les discussions anticipées, calmera les irritations et les susceptibilités, et apportera dans ses fonctions de la bonté sans faiblesse, de la fermeté sans rigueur, de la dignité sans affectation. A ces dons précieux du caractère, il joindra de la facilité dans la parole, de la concision dans la pensée, de la vivacité dans l'esprit, de la finesse dans les aperçus, de l'élévation dans l'ame et enfin une connaissance profonde des règles du droit criminel.

Dans une prompte et immédiate communication avec l'accusé, il pourvoira largement aux nécessités de la défense d'office, en proportionnant le choix de l'avocat aux aspérités de la cause et au danger de l'accusation. Pour favoriser de téméraires amours propres ou d'obséquieuses importunités, il ne remettra pas en des mains inhabiles ou novices les intérêts les plus sacrés de l'homme et de la famille, mais il recherchera le dévouement désintéressé et fécondera les germes du talent. Avare de son pouvoir discrétionnaire, il le réservera pour les grandes nécessités de la Justice et n'en usera jamais pour tyranniser la faiblesse ou servir les colères de la prévention, mais partout et toujours pour la manifestation de la seule vérité. Plein d'égards envers le Magistrat du ministère public, il ne souffrira pas que sa personne ou son caractère soient jamais méconnus. Patient envers les témoins, il dissipera leur embarras, respectera leur hésitation, mais accablera le parjure de son autorité. Bon et généreux envers l'accusé, il l'interrogera sans aigreur et sans artifice, le soutiendra s'il le faut, le protégera, l'encouragera. La défense trouvera en lui un soutien zélé de ses libertés, mais en même temps un juge sévère de ses écarts. Patron des jeunes avocats, il les fortifiera et les excitera dans les premières luttes de la parole.

Enfin dans le résumé de la cause, il sera d'autant plus juste et vrai, qu'il agira sans contrôle et parlera sans contradiction : en soumettant à la conscience du Jury l'analyse sévère des moyens respectifs, il n'aura pas préparé cette œuvre à l'avance ; mais elle aura été méditée, conçue, improvisée par lui sous le feu de la discussion et l'impression vivante des débats ; à cette condition seulement elle sera la réflexion fidèle de la cause, et l'amour propre du Magistrat ne sera pas satisfait aux dépens du devoir. S'il supplée à l'insuffisance des moyens, *ut quæ desunt advocatis partium judex suppleat* (Dioclétien), il le fera avec réserve et discernement et dans des termes qui ne donneront pas trop d'importance à sa parole. Enfin il n'oubliera jamais que l'abus d'autorité dans le résumé des causes criminelles, même sous le prétexte du bien public, constituerait à la fois la plus grave infraction aux devoirs de sa charge et une forfaiture morale qu'on ne saurait trop sévèrement flétrir : *iniquitas quæsitoris omni crimine gravior est* (Amien).

Tel sera le Président des assises : au prix de ces précieuses qualités, il inspirera par l'autorité de son exemple, aux témoins de la franchise, au barreau de la dignité, au Jury l'amour de la justice et exercera ainsi sur tous, même à son insu, une grande et légitime influence.

Mais pour atteindre ce but, le Ministère public lui viendra particulièrement en aide. Plus les lois seront faibles et plus les hommes seront disposés à l'indulgence, plus l'autorité de cette Magistrature sera ferme et vigoureuse. Ces fonctions austères et toutes de dévouement sont devenues de nos jours le palladium de l'ordre public. Dans ces luttes judiciaires où la mollesse du Jury, encouragée par les artifices de la défense, disputera à la société offensée la satisfaction la plus légitime, le Magistrat du Parquet sera continuellement sur la brèche ; d'une voix courageuse et persévérante, il tonnera contre la faiblesse et l'impunité, flétrira le vice, honorera la vertu, fera rougir le mensonge, raffermira les esprits timides et ranimera le feu sacré des vertus publiques. Armé des censures de l'opinion, il sévira par un blâme énergique contre ces actes honteux d'immoralité individuelle que l'honnêteté réprouve, mais que nos lois laissent trop souvent impunis ; les doctrines comme les intérêts seront ainsi placés sous sa garde. Que si au contraire, entraîné par l'exemple d'une fausse et mensongère humanité, il vient, sous prétexte d'impartialité et de modération, faire entendre des paroles équivoques et un langage énervé, alors la digue étant rompue, devra-t-on s'étonner du débordement d'indulgence qui entraînera dans un commun désordre les hommes, les mœurs et les institutions ?

Le Magistrat du Parquet n'est pas juge des accusations, il en est le soutien né et actuel. Sa parole est acquise à la société, comme celle de l'avocat l'est à la défense. Son ministère est un agent nécessaire d'équilibre et de pondération; il balance les chances du combat judiciaire et forme un des principaux éléments dans l'économie de la justice criminelle : sa retraite dans les accusations est donc un événement grave dont la portée est immense et le résultat presque toujours certain. Gardons-nous de croire néanmoins qu'il doive être en toute chose l'instrument aveugle et passif des sévérités de la loi et des préventions de la poursuite : juste et digne avant tout, il ne sera ni passionné, ni persécuteur; mais, à la différence du juge, dans le doute il ne s'abstiendra pas, car le doute de sa part est peut-être l'effet d'une erreur, et l'œuvre réfléchie d'une poursuite consacrée par les décisions de la Justice ne peut être, sans danger pour l'ordre, sacrifiée à une opinion isolée et individuelle; mais alors il soutiendra, discutera les charges et en déduira les conséquences; ses paroles seront accommodées aux impressions du débat et mesurées aux nuances diverses de la culpabilité; il traitera les hommes suivant leurs mérites et les affaires selon leur importance. Grand dans ses vues, généreux dans ses efforts, large dans ses moyens, il dédaignera les arguments subtils pour asseoir la discussion sur des bases dignes de la haute mission qui lui est confiée. Eloquent par la seule force du vrai, il se tiendra en garde contre les artifices de la parole et ne voudra point d'un succès qui serait le prix de la séduction du langage et des ornements du style, plutôt que d'une conviction froide et réfléchie. Généreux athlète, il proportionnera ses forces à la défense, n'accablera pas celle-ci sans nécessité et lui tendra parfois une main secourable. Enfin, si le bonheur veut que l'innocence de l'accusé surgisse d'un débat lumineux, le premier il la proclamera, substituera les consolations aux foudres de la Justice et fera ainsi honorer son caractère, en même temps que respecter son autorité.

Tel sera dans nos audiences criminelles l'organe de la parole publique. Mais sa mission ne sera pas encore épuisée, nous vivons dans des temps où l'œuvre énergique du bien ne s'accomplit pas sans lutte et sans combat. Rentré dans le parquet, le Magistrat du ministère public s'y verra assiégé par des sollicitations importunes ou les prières d'une famille inconsolable : qu'il se garde des émotions de l'ame et des influences personnelles; quand le droit de grâce est déjà dans les lois et dans les pratiques de la Justice, comment l'administrateur pourrait-il, sans danger, s'associer encore à de nouvelles faiblesses, j'allais dire à de nouveaux excès! La fermeté est de nos jours la première vertu du Magistrat, et il faut avoir surtout la force de la pratiquer dans ce commerce individuel de la vie publique où l'on est d'autant plus impressionnable qu'on a été plus accessible, et d'autant plus indulgent qu'on a été plus sévère: réaction de l'homme sur le Magistrat et de la compassion sur le devoir, tendance funeste et malheureusement trop commune!

L'exercice de ces hautes fonctions est donc aujourd'hui un des principaux éléments de la justice criminelle; de la composition des parquets des Cours d'assises dépendra le plus souvent le sort des accusations et la marche trop souvent incertaine du Jury. Que ne peuvent des esprits faibles et irrésolus, mais bien intentionnés, sous l'empire d'une parole puissante et l'influence d'un grand caractère! Pour accomplir l'œuvre du bien, la plupart des hommes n'ont besoin le plus souvent que de salutaires encouragements ou d'une patriotique émulation. L'Administration ne saurait donc veiller trop sévèrement à la formation d'une magistrature qui, dans les luttes brillantes de la parole, défend les intérêts les plus sacrés de l'ordre et tient pour ainsi dire en ses mains l'avenir de la Justice.

Mais ce ministère important occupe-t-il dans

la hiérarchie judiciaire le rang que lui assigne le caractère de ses principaux organes? Il est permis d'en douter. Le Code d'instruction criminelle de 1808 avait honoré ces fonctions d'un rang et d'un titre particulier : à l'exemple des Cours de justice criminelle où le Ministère public était rempli par *un Procureur général*, il avait, pour mettre cette place en harmonie avec la formation des Cours impériales, conféré au titulaire le rang de membre du parquet de la Cour avec la dénomination de *Procureur impérial criminel*. Ces fonctions ainsi rehaussées de l'éclat de la magistrature souveraine pouvaient satisfaire une ambition légitime : outre la grande et belle attribution de la parole aux assises, ce Magistrat avait la haute surveillance des officiers de police judiciaire du département, correspondait avec les Procureurs du Roi, surveillait la marche des procédures et rendait compte au Procureur général dont il relevait immédiatement. Presque tous les Magistrats qui occupèrent ces places furent des hommes de mérite et de distinction; mais une chétive et misérable économie les fit supprimer (1), et leurs attributions furent dévolues aux Procureurs du Roi ordinaires. Il est arrivé de là, qu'en rabais-

(1) Loi du 25 décembre 1815.

sant la fonction, on a fait dégénérer l'influence, détruit la fixité et les traditions, transformé cette magistrature en un simple degré hiérarchique et favorisé cet esprit nomade qui est la ruine des fonctions judiciaires.

A une législation molle et presque énervée, il faut plus que jamais l'assistance d'une magistrature forte et prépondérante. Le rétablissement de ces charges du parquet me paraîtrait donc éminemment propre à assurer la répression en fortifiant l'influence morale du Ministère public. Eh comment cette nécessité ne serait-elle pas comprise dans un temps où, de toute part, s'élance dans la carrière des débats criminels une jeunesse ardente et ambitieuse, qui vient consulter son avenir dans les premières luttes de la Justice ! La laissera-t-on sans frein et sans autorité livrée à ses propres inspirations et à ses généreux emportements ? Qui règlera son ardeur, préviendra ses écarts et lui suggérera l'amour du devoir, si ce n'est l'autorité d'un grand exemple et d'une fonction révérée ? Sans doute le jeune barreau trouvera déjà dans son Ordre de précieux modèles ; mais les pouvoirs publics ne sont-ils pas, avant tout, dépositaires des traditions utiles, et ne leur appartient-il pas de prévenir par leur vigilance les égarements d'un zèle indiscret en imposant une digue sévère aux franchises de la parole ?

Déjà en peu d'années un barreau formidable s'est fondé dans tous les chefs-lieux judiciaires; des hommes de talent et de caractère forment partout, entre eux, une grande aggrégation pour la défense ; partout les accusations sont disputées avec une liberté d'esprit qui dépasse le plus souvent la mesure d'une controverse légitime. Dans les préoccupations de l'audience on fausse les faits, on dénature les preuves, on force les conséquences, on équivoque sur les certitudes, on nie parfois l'évidence ; l'avocat veut sauver son client à tout prix et par tous les moyens, erreur funeste et dangereux patronage qui n'est ni dans nos lois, ni dans nos mœurs, et bien moins encore dans les devoirs sacrés de cette profession. Qui mieux que l'organe de la parole publique rétablira la vérité dans les preuves, la sincérité dans les mots, la franchise dans les moyens, la loyauté dans la discussion ?

Que si au contraire le Magistrat vient à s'abaisser devant l'avocat, que celui-ci, dans une lutte inégale et sans proportion, l'accable de sa parole et le fasse déchoir dans un rang subalterne de mérite et de capacité ; qui rétablira l'équilibre, qui protégera la société, qui raffermira l'ordre ébranlé ? Magistrats, Jurés et citoyens, tous ne gémiront-ils pas d'une défaite où le sacrifice de l'amour propre sera le moindre des malheurs, après celui même de la Justice? Non, il ne saurait en être de la sorte. Dans ces luttes judiciaires où s'agitent les intérêts les plus sacrés de l'ordre et de l'humanité, un barreau fort appelle une Magistrature d'élite, c'est-à-dire des hommes puissants en parole et en caractère; ainsi le veut la nécessité des choses, ainsi l'exige la dignité du pouvoir public.

Mais il ne faut pas désespérer la défense; sachons-lui gré de son dévouement, de sa patience et quelquefois de ses amertumes. Honneur à son désintéressement et à sa loyauté, respect à son indépendance, protection à ses libertés! Que la mesure de sa parole dépasse, s'il le faut, un peu les bornes de la licence pour être plus certain que son droit n'aura pas été méconnu; soyons en un mot plutôt prodigues envers elle qu'injustes et réservés. De la part de l'accusé, l'humanité le commande, et les égards dus à la position si souvent pénible de l'avocat en font un rigoureux devoir.

Dans ces prises de l'homme avec la société, la règle fondamentale est que *tout accusé* doit être défendu: la défense est le corrélatif de l'accusation, point d'accusation possible sans une légitime contradiction. La contradiction est la base de la justice, comme elle en est la garantie: *reum enim non audiri latrocinium est, non judicium* (Marcellin). En Angleterre l'avocat ne plaide point en matière criminelle, mais il fait la contre-partie des débats en questionnant et interpellant les témoins et les parties suivant son libre arbitre. Une fois l'examen et le contr'examen terminés, le Juge fait le résumé de l'affaire, c'est-à-dire qu'il lit au Jury, sans ornement de style et sans affectation de langage, les simples notes qu'il a recueillies sur chaque déposition de témoin. Le Jury délibère alors et prononce suivant ses impressions personnelles et sans le secours d'aucune influence étrangère. Par ce mode de procéder, les faits n'étant point abandonnés aux efforts d'un rôle obligé et d'une imagination prévenue se présentent sans couleurs et sans artifice oratoire dans leur simplicité native à l'esprit du Juge qui les admet ou les rejette, suivant que sa conviction en a été plus ou moins frappée.

Cette méthode qui proscrit l'influence de la parole publique dans les débats criminels se comprend chez un peuple qui considère sérieusement la *décision du Jury comme l'opinion du pays :* or le pays doit voir juger et prononcer par ses yeux, suivant ses lumières et d'après ses propres impressions. En France et pour longtemps encore ce principe ne sera qu'une fiction légale, et nos mœurs judiciaires ne souffriraient pas avec justice que l'accusé, dont la vie, l'honneur ou la liberté sont en péril, fût privé du droit de faire entendre la voix d'un conseil ou d'un ami.

Le Ministère de la défense dans les causes criminelles est donc l'attribution la plus brillante et la plus difficile de la profession du barreau; il exige de l'habileté dans le langage, de la chaleur dans l'ame, du discernement dans l'esprit, de la mesure dans l'expression, de la convenance dans les procédés et une connaissance profonde du cœur humain. Prêter à tous les accusés l'appui nécessaire du conseil et de la parole; les défendre en honnête homme et en patron dévoué; concilier l'horreur du crime avec les égarements du criminel et le respect des lois avec la fragilité de l'homme; rester vrai tout en plaidant le doute, loyal et sincère tout en tournant la question, l'esquivant ou la déguisant; imprimer aux réponses de l'accusé une couleur de vraisemblance, aux preuves un cachet d'incertitude, aux témoignages un soupçon d'infidélité, sans être ni trompeur dans ses moyens (1), ni téméraire dans

(1) La maxime *Propter periculum concessa est fingendi licentia* (Cicero pro Murenâ) ne s'est jamais appliquée qu'à la partie prévenue et en aucun cas à ses conseils. La morale pure n'admet même pas cette distinction.

ses assertions, ni diffamateur dans son but; mesurer sa parole à sa conviction, faire la part du doute et de la certitude, accorder à l'accusation ce qu'un bon citoyen ne saurait lui contester et à la défense tout ce qu'elle doit légitimement attendre; c'est, il faut le dire, le chef-d'œuvre de l'art et le comble du dévouement!

Mais aussi couvrir d'un patronage irréfléchi tous les crimes et tous les intérêts, prostituer, pour sauver les plus coupables hommes, les artifices de la parole du mensonge et de la mauvaise foi, ou bien peut-être, dans un commerce mystérieux et des relations subalternes, mendier honteusement la défense elle-même et la faire entrer dans la composition d'un lucre prématuré; n'est-ce pas avilir sa profession et déshonorer son caractère? Un tel oubli du devoir est rare, mais ce qui l'est moins sans doute, est cette exaltation d'esprit qui, prenant sa source dans l'abus de sentiments généreux, emporte l'avocat au-delà des bornes d'une sage contradiction: dans son égarement ou dans ses préoccupations, il ne voit plus qu'un homme à sauver d'une condamnation et peut-être un succès d'amour propre à satisfaire; il s'incorpore à sa cause et s'identifie à son client; entraîné dans cette pente funeste, il s'abandonne au dévergondage du raisonnement et aux saillies d'une imagination déréglée, il ment à sa conscience et ose même invoquer sa propre conviction : pour lui plus de discernement possible de la vérité et de l'erreur, de la certitude et de l'équivoque; en un mot, il se trompe lui-même, si bien il a su jouer un rôle au lieu d'un devoir qu'il avait à remplir, et c'est ainsi qu'il se rend moralement complice d'une coupable action et fait, à son insu, l'acte d'un mauvais citoyen !

Le discernement dans la défense est le fruit de l'expérience et d'un caractère éprouvé; cette carrière est semée d'écueils; sans appui, sans modèle et livrée à sa propre faiblesse, la jeunesse du barreau y compromettra son caractère, y faussera son esprit et y perdra sa franchise; mais le talent n'en profitera pas, car il se nourrit, se féconde et s'inspire dans l'étroite alliance des qualités de l'ame avec les dons réunis de la science et de la parole.

Que les maîtres du Barreau ne dédaignent donc pas de protéger de leurs conseils et de leurs exemples cette jeunesse présomptueuse et inexpérimentée, et qu'elle ne croie pas humilier elle-même son amour propre, en puisant à ces sources révérées du devoir et de la science. Là des esprits graves et méthodiques que le temps fait lentement éclore et qui achètent, par un travail pénible, des succès tardifs, mais d'autant plus certains, apprendront, par d'encourageants essais, qu'ils ne doivent jamais désespérer d'eux-mêmes. Ici des imaginations déréglées ou des organisations trop faciles viendront subir le joug inexorable de la méthode en asservissant leur fécondité au contrôle de la raison et à l'enchaînement sévère d'un ordre réfléchi. Tous apprendront enfin, comment ils devront avant tout respecter les lois du pays, honorer les pouvoirs publics et défendre au besoin les franchises de leur profession. Magistrats, défenseurs et citoyens auront ainsi une large part dans l'œuvre de la régénération pénale ; l'administration de la Justice criminelle, en France, se fortifiera de leurs efforts et de leur assistance, et, comme nous l'avons dit, dans cette association commune des devoirs, des intelligences et des caractères, les lois trouveront déjà dans la sagesse du Juge, dans la fermeté du Ministère public, dans la conscience du barreau et dans le bon esprit de tous une grande et salutaire réforme, celle qui procédera des mœurs judiciaires à la législation.

De la mise en surveillance, et du régime des peines.

Gardons-nous néanmoins de croire que la réalisation de ces vœux soit le but exclusif de la pensée publique ; la réforme pénitentiaire, qui tend à dissoudre dans les grands foyers de malice et de perversité tous les germes de la corruption humaine, est l'œuvre la plus méritoire de l'Administration. De toute part des hommes généreux, excités par une noble émulation et surtout par le sentiment religieux, s'occupent de régénérer par le devoir et par le travail cette foule d'hommes pervers et dégradés dont l'existence est si fatale à l'ordre public. Espérons quelque chose de leurs efforts, mais qu'il me soit permis d'affirmer qu'ils n'auront pas fermé la plaie des récidives, tant que les règles de la surveillance, qui se réduisent en quelque sorte aujourd'hui à un simple passeport obligé pour le condamné libéré, n'auront pas été remplacées par un droit plus énergique. On peut faire à nos lois le reproche de n'être pas assez préventives : en morale et en politique la prévoyance est la vertu des Gouvernements comme la répression est leur premier devoir ; mais l'une procède par la crainte et *quoad exemplum*, tandis que l'autre plus généreuse tarit les sources du mal et veille sur l'homme pervers qu'elle protège en quelque sorte malgré lui. N'est-ce pas là la première de toutes les sollicitudes ? Et une œuvre aussi méritoire n'est-elle pas mille fois préférable aux nécessités de la répression ? Malheureusement en France on s'occupe trop du présent et point assez de l'avenir, telle est la pente de l'esprit public.

La mise en surveillance de la haute police frappe celui qui en est l'objet de la suspicion du mal et d'une tendance présumable à la récidive. Vainement l'Administration le suivra-t-elle dans ses voyages et l'observera-t-elle dans ses résidences ; le moment arrivera bientôt, où, sans qu'il soit possible d'articuler encore aucun fait contre lui, son oisiveté, ses habitudes, ses fréquentations, sa vie tout entière deviendront pour la sûreté publique la cause de graves et légitimes appréhensions. Faudra-t-il attendre au dernier jour qu'il ait comblé la mesure et trahi son adresse pour le soumettre à des poursuites ordinaires, au lieu de le protéger tout d'abord contre la misère, contre les mauvais conseils et contre lui-même ? *Certe quidem stultum est, dum rumorem respicimus, dum paramus defensiones, morari securitatem* (Cicéron). En Angleterre, où *toute personne quelconque* dont la conduite inspire une inquiétude sérieuse à l'autorité est tenue sous peine de prison de donner caution *qu'elle gardera la paix,* un pareil homme ne jouirait pas longtemps de sa liberté ; en France pourquoi nos lois seraient-elles moins vigilantes envers une classe déjà flétrie et presque toujours hostile à la société ? Ce contact des existences dégradées qui vicient tout ce qui subit leur approche, ce mélange délétère du mal dans les diverses parties du corps social où il est continuellement rejeté, entretenu et fécondé, ne feront-ils pas, en dépit des lois répressives, fermenter sans cesse tous les germes de la corruption publique ?

Il faut le reconnaître, cette promiscuité funeste est la source intarissable des crimes de tout genre dont l'accroissement nous effraie chaque jour. Nos lois sur la surveillance ne sont qu'un vain palliatif ; par le choix libre et presqu'indéfini des résidences, tous les libérés passent en quelque sorte leur temps en voyages ; on les voit partout, sur les routes, dans les villages comme au foyer des grandes populations ; sans ressources, sans état, sans asile, ils traînent dans cette vie nomade leur existence parasite et leurs funestes influences. Ils se connaissent, ils se recherchent, ils se communiquent leurs criminels desseins, ils recrutent de nouveaux adeptes, ils exploitent les mauvaises passions et leur inspirent l'audace et la perversité des bagnes. S'ils s'écartent de leur itinéraire ou disparaissent de leurs résidences, un changement de noms, de passeports, de signalement mettra le plus souvent la police en défaut, et si parfois elle parvient à les saisir, une condamnation correctionnelle les avertira d'être mieux avisés à l'avenir, et le jugement qu'ils subiront ne sera pour leurs projets antérieurs qu'un simple ajournement d'exécution. C'est ainsi qu'à force de ruse et de persévérance, les plus dangereux finiront par trouver un refuge dans la Capitale, où ils deviendront pour le pouvoir et pour la sûreté individuelle la cause d'incessantes alarmes et des plus audacieux attentats (1).

---

(1) C'est toujours dans les premiers mois de leur libération que la plupart des condamnés libérés des bagnes et des maisons centrales, qui doivent reprendre leur vie criminelle, se rendent coupables de nouveaux méfaits. Plusieurs commencent par enfreindre leur ban de surveillance, et après avoir été condamnés pour cette infraction à des peines de courte durée, ils sont ensuite poursuivis et jugés pour des crimes ou délits.

En résumé, de 1834 à 1838, il est sorti des bagnes et des maisons centrales environ trente mille condamnés, sur lesquels environ sept mille ont été repris et jugés de nouveau jusqu'au 31 décembre 1838. (Rapport au Roi sur la Statistique criminelle, publié en 1840.)

Les récidivistes inconnus ne figurent pas dans ce compte, et suivant toutes les probabilités le nombre en est très-considérable, dans la moyenne de neuf mille affaires qui, pour cause d'ignorance de leurs auteurs ou d'insuffisance des charges, restent en une seule année sans poursuites. La preuve légale que les libérés conservent toujours leurs vices et leur caractère, résulte d'ailleurs de ce qu'on ne délivre guère au-delà de *trente lettres de réhabilitation par an.*

L'état de ces libérés était en France au 1er janvier

Un tel état de choses n'est pas tolérable et appelle depuis longtemps la sollicitude de la législation ; c'est, il faut le dire, la plaie la plus

---

1841, de 27,580, dont 22,071 hommes et 5,489 femmes. Sur ce nombre total 17,543 avaient des résidences fixes, 10,037 n'en avaient pas.

Au moment où l'on imprime ces lignes, le compte de 1839 de la Justice criminelle vient de paraître, et je lis les observations suivantes sur ce compte, extraites du journal *la Presse :* « Au lieu de 756 *accusés*
» en état de récidive que présentait la statistique de
» 1826, et de 1318 qu'offrait celle de 1833, on en
» compte 1749 en 1839. Les *prévenus* récidivistes
» sont dans une proportion encore plus grande ; de
» 4425 que l'on comptait en 1829, il y en avait
» 7135 en 1834 ; le nombre s'en est élevé à 10,661
» en 1839. En comparant les récidives de 1829 à
» 1839, on voit que pour les *accusés,* le nombre
» s'est augmenté de 31 sur 100 *accusés*, et 141 pour
» 100 pour les *prévenus.* La moyenne des deux caté-
» gories est de 215 sur 100, c'est-à-dire que dans la
» seconde de ces deux années, il y a eu 215 récidi-
» vistes contre 100 en 1829. Cette progression est
» alarmante et doit appeler l'attention de l'autorité.
» D'après des calculs auxquels nous nous sommes
» livrés, les seuls récidivistes grèvent annuellement
» le budget d'une somme de plus de *cinq millions.*
» De 1829 à 1839, le nombre des crimes s'est

profonde de notre état social, et tous les tempéraments qui ont été depuis longtemps mis en œuvre pour y remédier ont été nuls et sans efficacité. Au lieu de ce droit de surveillance toujours incommode et le plus souvent illusoire, pourquoi l'Administration qui veille à la sûreté générale ne serait-elle pas autorisée par la loi à diriger les libérés suspects dans les grands travaux d'utilité publique, ou, en d'autres termes, à rétablir les résidences fixes comme elles l'étaient sous le Code pénal de 1810, avec quelque liberté de moins et la garantie de plus d'un travail obligé? C'est ce que demande à grands cris l'opinion, et c'est ce qu'exige l'intérêt bien entendu des condamnés eux-mêmes, joint aux autres intérêts que compromet si gravement leur présence. A ces conditions seulement de travaux communs, d'agglomération et d'impossibilité de nuire, l'action d'une surveillance utile, concourant avec l'œuvre de la régénération commencée dans les pri-

---

» accru de 4268; autrement dit, à la dernière époque il y en a eu 178 contre 100 de l'époque qui lui sert de comparaison.

» Pour les prévenus de délit, la progression est » beaucoup plus considérable que pour les accusés » de crimes; la moyenne des poursuites est de » 68,416 individus par an. »

sons, préviendra et fera cesser le nombre des récidives qui sont à la société moderne ce qu'était dans la fabuleuse antiquité cette hydre toujours combattue et toujours renaissante qui semblait prendre, dans ses propres blessures, des forces et une énergie nouvelles !

Au reste ce mode d'utiliser les existences suspectes serait l'œuvre de la prudence et d'un discernement réfléchi. Le condamné qui, dans les bagnes ou les prisons, aurait donné des garanties d'un repentir sincère ne serait point soumis à ces précautions commandées par la défiance légale ; par une sorte de réhabilitation anticipée, il aurait mérité de rentrer libre dans le sein de la société et de sa famille et recevrait ainsi la récompense de sa bonne conduite. Ce témoignage public de réforme personnelle le réconcilierait avec ses concitoyens ; son commerce ne serait plus repoussé ; les ateliers lui seraient ouverts, et on oublierait sa première condamnation comme un malheur dont une bonne conduite soutenue aurait effacé les traces. Mais aussi l'autorité qui continuera à veiller sur lui s'empressera-t-elle de lui imposer des moyens d'existence fixes, dès qu'il y aura soupçon qu'il abuse de sa liberté. De cette manière il ne sera jamais abandonné à sa propre faiblesse, et ses bonnes résolutions trouveront toujours une garantie dans la vigilance de l'Administration. Ce pouvoir discrétionnaire sera donc pour la régénération des condamnés un puissant véhicule d'encouragement, pour les citoyens un motif de sécurité, et pour la morale publique l'anéantissement radical d'une cause incessante de criminelles actions.

A ces conditions nouvelles, le droit de surveillance serait désormais proportionné dans son application et dans sa durée à la nature particulière du crime et à la gravité des condamnations, et il deviendrait surtout plus rare dans les matières correctionnelles, où la loi l'autorise d'une manière trop absolue, comme elle l'a confondu pour les crimes dans des assimilations trop générales. C'est en administration principalement qu'il y a de graves inconvénients à créer des règles absolues et des prescriptions inflexibles, et, sous ce point de vue, peut-être serait-il convenable de laisser les Cours d'assises juges de l'opportunité de la surveillance pour les crimes envers les personnes, lesquels se modifient tellement, suivant le caractère de l'impulsion qui les a fait commettre, qu'ils n'emportent pas, dans tous les cas, une véritable infamie, et de n'admettre la mise en surveillance de rigueur que pour les crimes envers les propriétés qui supposent une perversité plus dangereuse et impriment à la moralité de l'homme une flétrissure toujours absolue.

De nos jours l'esprit philanthropique se préoccupe vivement des améliorations sociales, il ne faut pas être injuste envers lui : l'Administration lui doit de grands sacrifices et un généreux élan imprimé à la bienfaisance publique; les salles d'asile, les caisses d'épargne (1), l'abolition de la loterie, les sociétés de prévoyance, l'organisation du travail sont en grande partie son ouvrage; mais, en législation, il a mis le désordre dans les principes et le chaos dans les idées; il a dit aux jurés : plus de peine de mort, *qui oncque eut le droit de tuer son semblable;* aux *humanitaires :* point de

---

(1) L'origine des caisses d'épargne date du siècle précédent. La première fondation de ce genre est de 1778; elle fut constituée à Hambourg et dura un demi siècle avec la même organisation. L'Angleterre n'a connu ces établissements qu'en 1804 à Tottenham. La France se les est appropriés en 1818 par les soins du duc de Larochefoucault Liancourt. (Ordonnance royale du 22 mai de ladite année qui constitue la caisse d'épargne de Paris.)

L'origine des salles d'asile est toute française; dès le siècle dernier un établissement de ce genre avait existé dans les Vosges; cet essai était resté inconnu; M. le marquis de Pastoret le renouvela plus tard à Paris; enfin en 1826, un Comité de Dames de la Capitale fonda définitivement un salle d'asile, rue du Bac.

peines perpétuelles, le mot *toujours* est immoral, car, comme l'enfer, il ne laisse pas même l'espérance, *laziate ogni speranza* (Dante); au législateur : désarmez, les hommes sont devenus plus traitables; au Prince : soyez clément, ils deviendront meilleurs; au Jury : soyez timide; au Magistrat : soyez faible; au barreau : soyez hardi; à tous : soyez indulgents, laissez passer la justice des lois, la raison publique achèvera votre ouvrage!

Puis il s'est ému sans mesure des misères de la détention; dans sa désolante prévoyance, il a fait aux condamnés une existence si douce et leur a prodigué des soins si recherchés, que les maisons centrales sont devenues pour tous l'objet d'un convoiteux empressement, et qu'une foule de récidives n'ont pas eu d'autre cause que celle de rentrer dans ces grands asiles du bien-être et de la paresse (1). Les bagnes à leur tour ont ressenti l'influence de cette dissolvante philanthro-

---

(1) Le seul directeur de Clairvaux portait à 608 coupables sur 655 le nombre des récidives commises pour rentrer dans cette maison. Les directeurs des autres maisons centrales avaient aussi exprimé l'opinion que leurs maisons étaient regardées par les récidivistes comme de véritables pensionnats et de bons quartiers d'hiver.

pie (1), et partout à la fois la position des hommes flétris par la Justice est devenue telle qu'elle a pu faire envie à l'artisan honnête et

(1) Voyez le rapport de M. Tupinier au Ministre de la marine sur l'état des bagnes. On lit dans ce rapport : « Quant à la manière dont les forçats sont » traités, la loi pénale que les Tribunaux ont voulu » leur appliquer n'est point exécutée. Au lieu des » travaux forcés auxquels ils sont condamnés, on » les voit se livrer dans tous les coins des arsenaux » aux occupations les plus faciles ; la plupart du » temps ils n'y font rien que dormir ou causer ; on en » voit dix à douze suivre nonchalamment et à pas » comptés une petite charrette à peine chargée que » deux autres tirent sans la moindre fatigue, et que » chaque couple à son tour traîne de la même ma- » nière. Les hôpitaux maritimes sont pleins de ces » forçats ; ils y séjournent au titre de servants, » d'infirmiers, de garçons de cuisine ; et c'est des » mains de ces hommes, que la société a si justement » réprouvés, que les malades reçoivent la nourriture » et les médicaments dont ils attendent leur guéri- » son ; on les trouve dans les hôtels et dans les » jardins où ils remplissent des fonctions de domes- » ticité ; à Toulon, on les voit circuler dans les rues » de la ville à toutes les heures du jour, au grand » dommage de la morale publique.

« A coup sûr, il y a fort peu de forçats qui con-

laborieux dont la vie misérable est une suite non interrompue de privations et de sacrifices ! Ainsi ont été confondues, dans l'opinion commune, les notions du juste et de l'injuste ; législation, magistrature, esprit public, tout a subi l'empreinte de cette pernicieuse épreuve et, dans la décadence des lois et des mœurs judiciaires, la répression n'a plus été qu'un vain fantôme de protection.

Aujourd'hui que la mesure des crimes a partout débordé et menace de tout engloutir, par une heureuse réaction et aussi par de tristes exemples, nous marchons à pleines voiles vers un

---

» sentissent à changer leur sort contre celui des re-
» clusionnaires. La reclusion ne figure qu'après les
» travaux forcés, dans l'ordre des peines infligées
» par le Code, et pourtant, l'homme qu'on tient
» enfermé, qu'on emploie dans des ateliers bien
» clos, à des travaux journaliers et auxquels il ne
» peut se soustraire, est plus sévèrement puni que le
» forçat qui va et vient dans de vastes espaces,
» travaille ou ne fait rien, et trouve en rentrant au
» bagne une nourriture frugale sans doute, mais
» préférable aux mets grossiers dont se contentent
» la plupart des paysans de la France et les classes
» malaisées de nos grandes villes. »

Ces observations ont été suivies d'utiles réformes.

meilleur avenir; l'opinion qui avait faussé la législation en 1832 semble partout en provoquer la réforme, elle la gourmande, elle la presse, elle s'irrite de ses faiblesses, elle conjure ses sévérités; il ne reste plus qu'à la consacrer dans nos Codes. C'est ainsi que parfois les hommes peuvent mieux valoir que les lois; mais les lois demeurent, et l'opinion qui flotte si souvent incertaine se règle communément sur leur esprit et s'imprègne de leur autorité.

Déjà l'Administration elle-même a fait justice de ses propres erreurs; nos prisons rendues à leur destination primitive sont devenues d'immenses ateliers d'utilité publique et de grandes écoles de régénération; comme au temps de la vie claustrale, partout le travail, le silence et la retraite, c'est-à-dire la captivité de l'esprit jointe à celle de la personne, l'asservissement de la volonté, l'encouragement au repentir, l'offrande de la prière, enfin la prévoyance intéressée de l'avenir : grâces en soient rendues à la vigilante sagesse du Gouvernement et à l'empressement de nos plus généreux citoyens! Pour les bagnes les translations cellulaires, c'est-à-dire la suppression de ces chaînes mouvantes dans lesquelles des forçats endurcis, voyageant annuellement par étape, faisaient entendre dans nos villes et dans nos campagnes les refrains de leurs chants infernaux ou le cynisme effronté du langage. Enfin, dans les ports, l'égalité du travail devant l'égalité de la peine, établie pour tous les condamnés sans distinction, quels qu'aient été pour certains d'entr'eux les avantages de la fortune et de la famille, ou quelle que soit encore peut-être l'influence tentée des recommandations personnelles.

Mais une œuvre non moins méritoire appelle encore la sollicitude publique, je veux parler de l'extirpation du paupérisme, plaie hideuse de la civilisation moderne ! La mendicité joue dans la statistique un rôle important. Asile de tous les vices, refuge de toutes les iniquités, elle souille la dignité de l'homme et dégrade son caractère ; sous ce rapport elle aplanit les voies du crime et jette la semence des plus coupables pensées. La prévoyance publique ne saurait trop veiller à cette cause incessante de la démoralisation; il faut aviser à l'anéantir, non pas, comme l'ont fait nos voisins, par la création d'une bienfaisance légale qui, en détruisant dans la famille l'esprit de prévoyance et d'économie, a mis à la charge du trésor une dette énorme et toujours croissante, mais en appropriant les mesures au temps, aux lieux et aux conjonctures. Déjà n'a-t-on pas vu de chétives bourgades, sans ressources, sans administration, sans trésor, en donner l'exemple à de riches et puissantes cités ; tant a de force la volonté de l'homme soutenue par la pensée énergique du bien public. Pour accomplir cette régénération de la misère et de la paresse, déposons nos rivalités politiques, combattons l'oisiveté, soulageons les vraies infortunes et unissons au moins nos communs efforts dans l'œuvre de la charité publique.

Législateurs, Magistrats et philanthropes, poursuivant à l'envi ces œuvres de réforme et de régénération, nous changerons les lois, frapperons les coupables et corrigerons quelques abus ; mais la plus grande puissance ne nous appartiendra pas, celle de changer les cœurs et d'inspirer le sentiment du devoir et de la subordination. La religion seule peut accomplir cette grande et salutaire mission, convions-la franchement à notre aide. Les tempêtes politiques n'ont pas seulement agité les surfaces, elles ont remué jusqu'aux fondements de l'ordre, et le sol frémira longtemps encore de sa commotion ; partout les croyances ont été affaiblies et les existences déplacées; à défaut de fixité dans les idées et de foi dans les principes, un désir effréné de s'enrichir tourmente et dévore la pensée. Pour arriver à ce but, tous les moyens sont bons, toutes les fraudes sont légitimes : le veau d'or et la matière sont devenus les divinités du jour. Dans la grande propriété le patrimoine paternel n'est déjà plus sacré; il ne suffit plus à nos besoins, il faut le compromettre et le perdre dans de folles et aventureuses industries. Dans les classes moyennes, des existences jalouses s'irritent de toute supériorité et jouent le présent pour atteindre un chimérique avenir; enfin le peuple suit le mouvement et veut aussi prendre sa part dans cet immense festin du bien-être matériel.

Dans ce désordre de la vie sensuelle et des amours propres, qui mieux que la religion ranimera les scrupules de la fortune et les délicatesses de la possession? Au milieu de la mobilité des existences et de la convoitise universelle qui forme le symptôme dominant de notre époque, faudra-t-il s'étonner que des passions subalternes se fassent jour par le crime et par la force brutale? Qui mieux que la religion encore mettra un frein à leur emportement, consolera le désespoir, soutiendra le malheur et consolidera l'autorité? En présence de cette régénération providentielle, les œuvres humaines ne sont-elles pas fragiles et périssables? Que sont devenues les promesses de la philanthropie sur la moralisation de l'homme par la seule diffusion des lumières? Ouvrons les statistiques, consultons les rapports du chef de la Justice, et nous resterons confondus. C'est aujourd'hui une vérité acquise par la force des observations comparées, que l'instruction par elle seule est un agent sans puissance et sans efficacité contre la multiplicité des crimes et des délits (1); entre les mains d'hommes pervers et corrompus, c'est un instrument de plus de malice et d'impunité. L'alliance de la morale et de la science

---

(1) On lit dans un ouvrage que vient de publier sur les bagnes M. le docteur Lauvergne, médecin en chef de l'hôpital des forçats à Toulon et professeur de médecine de la marine royale, la note suivante, fruit de ses longues observations sur les causes des crimes en général : « Les pays qui jouissent de l'ins-
» titution des Frères de la doctrine chrétienne sont à
» cet égard les mieux partagés. Ces hommes de dé-
» vouement poursuivent avec succès l'œuvre com-
» mencée par une mère ; la crainte et l'obéissance
» qu'ils impriment dans l'esprit de la jeunesse, jointes
» aux saines idées religieuses et aux véritables
» croyances, assurent les vertus de l'atelier. Nous
» ne concevons pas que ces hommes simples qui
» font vœu de pauvreté aient pu trouver dans des
» gens éclairés des détracteurs inexorables. Il faut
» ne pas les avoir suivis dans leurs exercices quo-
» tidiens, n'avoir pas jeté un coup d'œil sur leur
» couche délabrée, ni goûté à leur pain grossier,
» pour croire qu'ils peuvent féconder des germes
» liberticides, par des leçons désintéressées et des
» exemples admirables! *Nous n'avons point encore*
» *rencontré un seul de leurs élèves au bagne.* »

est donc inséparable ; en politique comme en religion, le savoir est l'instrument du bien, et ce n'est qu'à ce prix que les Gouvernements en sont comptables à leurs peuples.

ADDITION A LA PAGE 137.

En déterminant par l'article 21, paragraphe 1er du projet, à vingt-quatre le nombre nécessaire des Jurés spéciaux, je n'ai évidemment entendu m'occuper que des Jurés de la session et nullement de ceux du jugement qui resteraient fixés au nombre ordinaire, suivant le tirage au sort, après les récusations de la défense exercées conformément à la règle que j'indique dans les articles 16, 17 et 18 et à l'exclusion de celles du Ministère public, article 23 du même projet.

FIN.

TABLE DES MATIÈRES.

FIN DE LA TABLE.

www.ingramcontent.com/pod-product-compliance
Ingram Content Group UK Ltd.
Pitfield, Milton Keynes, MK11 3LW, UK
UKHW020408190726
13838UKWH00006B/171

9 782329 413129